グレイアム・ミュージック /著
鵜飼 奈津子・藤森 旭人 /監訳

リ・スパーク

トラウマや抑うつを乗り越えて

RESPARK:
Igniting Hope and Joy
after Trauma and
Depression

誠信書房

Respark: Igniting Hope and Joy After Trauma and Depression
Copyright © 2022 by Graham Music

Japanese translation rights arranged directly with the author
Through Tuttle-Mori Agency, Inc., Tokyo

日本の読者へ：アン・スパーク，デ・スパーク，そして
ミス・スパークという状態

　本書の日本語版の刊行をとても嬉しく思っています。日本での本書の刊行を実現してくれた出版社と，鵜飼奈津子氏に感謝します。本書はもともと英国や西洋の読者を念頭に書いたものですが，このアイディアが日本の読者にとっても役に立つことを心から願っています。文化の違いの重要性は充分に承知しているつもりですが，それでもこのアイディアが皆さんのこころに響くことを祈っています。

　本書は，エネルギーやスパークを欠いているように見える人がいること，そしてその人たちとの面接が困難なのはなぜなのかということを，何十年にもわたって理解しようとしてきた，私の試みをまとめたものです。少なくとも英国では，アタッチメントの理論家が「活性化」と呼ぶような，多くのエネルギーがあり，時にはそのエネルギーがあり余るばかりに，他者を不安にさせたり動揺させたりしてしまうような人が，注目され，援助を受けることが多いのです。

　しかし，私がここで記述する人々はそうではありません。もの静かで，情緒的にとても平板で，ほとんど麻痺しています。そのような人を「アン・スパーク」と呼びます。ここには，早期にかなりのネグレクトを経験した人も含まれます。たとえば，非常にはく奪された孤児院で育てられた人々です。このような人は，人生から引きこもってしまったというよりも，適切に人生を歩み出せるようにと支えられたことがないのです。私たちセラピストやメンタルヘルスの専門家も，彼らがずっと以前にあきらめたように，簡単に彼らのことを見限ってしまいます。

　私が「デ・スパーク」状態と表現する，また別の形の情緒的シャットダウンもあります。これは，継続的なトラウマを受けて，生命力が打ち砕かれて

しまったような人を指します。深刻なトラウマのあとの解離状態に見られるものです。トラウマを受けたあと，無表情で，エネルギーに欠け，時には死んだような目をして，慢性的に情緒的生気が欠如しているように見えることがあります。これより深刻ではありませんが，「学習性無力感」として知られているような，試行錯誤の末にあきらめて退却したような人も，似たような状態にあります。卑屈な表情，視線の回避，あるいは猫背といった姿勢に，それが見られるかもしれません。こうした状態には，健康的なエネルギー，熱意，パワーや潜在力ではなく，あきらめ感があります。

　また，非常に異なって見えますが，これと類似した別の現象もあります。「間違った種類」のスパークだと考えられるものを持つ人です。エネルギーはあっても，役に立たないあり方でスパークしている，私が「ミス・スパーク」と呼ぶものです。これは，より増加傾向にあります。その典型例は，ビデオゲームやポルノグラフィの強迫的な使用などの嗜癖的な心の状態です。このような嗜癖性は，失敗でありますが，内的な死から逃れようとする試みとして，嗜癖の対象が提供してくれる，生気と興奮という偽りの約束に向かうのです。

　「マインド・マザーリング」と私が呼ぶ，内的な死を覆い隠すような，ミス・スパークもあります。人生早期に信頼できる親や安心して頼ることのできる他者がいないと，その代わりに，早急に優秀な思考（mind）を発達させることで，自分自身を一つにまとめなければならないのです。しかし，これは表面的な輝きです。内的には，忙しく活発な思考を嗜癖的に使うことで，そこから逃れようとする平板さがあるのです。

　本書の中心的なテーマは，最適ではないスパーク，あるいはエネルギーと呼ぶような状態に対して，うまく援助を提供するためには，身体的気づきを含むアプローチが必要だということです。そのためには，私が「神経系のささやき手」と呼ぶものになることで，神経系を読み，それをそっと動かすような，きめ細かな能力を必要とします。姿勢，呼吸，筋肉の緊張，情緒的な揺れ，そして肌の色調などの微妙な変化を注視することです。しかし，こう

した仕事をするためには，私たち自身の精神や神経系が，そこにいる人の存在によって，どのような影響を受けるのかを認識できることもまた，求められると私は考えます。たとえば，その人といると，いつもよりも平板な気分になったり，偽りの活発さに陥ったりするといったことへの気づきです。そのためには，ヨガや瞑想であれ，筋トレやランニングであれ，こうした能力を高めるために役に立つ，自分なりの身体ベースの実践を見つけることです。これにより，最適なスパーク状態にあるとは言い難い人との，個人的な旅路である面接が，むしろエキサイティングでやりがいのあるものになるのだと私は信じています。

　日本の読者の皆さんが，本書を読んでスパークされることを心から望んでいます！

グレイアム・ミュージック（Graham Music）

監訳者まえがき

　本書,『リ・スパーク』は,グレイアム・ミュージックの著書のうち,日本語の翻訳書としては3冊目となるものです。

　1冊目は,『子どものこころの発達を支えるもの：アタッチメントと神経科学,そして精神分析の出会うところ』。こちらは,子どものこころの発達に関する広範囲にわたる調査・研究をまとめたもので,心理学を専攻する大学生・大学院生のテキストとしてはもちろんのこと,日々,子どもとその家族の支援に携わるあらゆる専門職の方々の手に取っていただきました。2016年の初版から版を重ね,今もなお読み継がれ,幅広い読者を得ている一冊です。まさに日進月歩の調査・研究の領域としては,その出版年（イギリスでは2011年初版）のみに注目すると,ある意味で"古典"の域に近づきつつあるのかもしれませんが,それでも今なお,"新しい"テキストとして定着したと言えるものになったと思っています。

　2冊目は,2022年に出版された『トラウマを抱える子どものこころを育むもの：アタッチメント・神経科学・マインドフルネスとの出会い』です。1冊目が,あらゆる調査・研究の知見を集約し,それらと著者の専門である精神分析的心理療法の知見との"協働"であったとすれば,こちらは著者の臨床実践例の宝庫とでも表現できるものです。また,今回の『リ・スパーク』にも見られるように,著者の臨床実践の中に身体への気づきに焦点を当てた「マインドフルネス」の考え方が取り入れられているさまが,大変生き生きと描かれています。

　訳者らは,こうした著者のアイディアについて,日本の臨床家に問い,議論を深めることを目的に,これまでに日本心理臨床学会にて,二度の自主シンポジウムを開催してきました。

第1回目は,「トラウマを抱える子どものこころに届く関わりを目指して：G. Music から学ぶ精神分析と神経科学，そしてマインドフルネスの出会うところ」(2022年第41回大会〈オンライン大会〉) と題して，著者の臨床実践についての報告を行いました。精神分析というと，いまだに，狭量で硬い理論と枠組みにのっとった実践というイメージが根強いようにも思われます。本自主シンポジウムでは，アプローチが大変困難な多くの事例に向き合い，精神分析的心理療法の理論と枠組みをベースにしながらも，そこにマインドフルネスの知見を取り入れた，著者の斬新な取り組みを紹介することができたものと思っています。この自主シンポジウムには，多くの学会員の方に関心を持っていただき，オンライン上の入場制限をかけざるを得ないほどだったのですが，『精神分析的心理療法フォーラム』第11号（2023年）に，「海外文献紹介　『トラウマを抱える子どものこころを育むもの―G.Music から学ぶ精神分析と神経科学，そしてマインドフルネスの出会うところ―』」として再編していますので，関心のある方は，ぜひ，お目通しください。

　第2回目の自主シンポジウムは,「トラウマを抱える子どものこころに届く関わりを目指して②：G.Music から学ぶ身体的な気づきを踏まえた精神分析的心理療法の実践」(2024年第43回大会〈オンライン大会〉) と題して行いました。こちらもやはり，オンライン上の入場制限をかけざるを得ないほどのアクセスがあり，あらためて学会員の方の関心の高さに驚かされました。

　その背景には，この2回の自主シンポジウムのちょうど間に当たる2023年の第42回大会にて，G. Music 本人が,「トラウマやネグレクトを経験した患者の理解と支援―無感覚で平板な状態から，生き生きとした存在に―」という海外招聘講演（オンデマンド配信）を行ったことも，大きく影響したのではないかと思われます。この企画では，本書の監訳者の藤森が指定討論を，鵜飼が企画者の一人として，当日の司会と通訳をそれぞれ務めました。日本心理臨床学会の会員は，精神分析的心理療法をオリエンテーションとする人はむしろ少数派だといっても過言ではないでしょう。しかし，どのようなオリエンテーションを持つ臨床家であれ，トラウマを抱えた子どもや大人との臨床に苦闘している会員は少なくないはずであり，精神分析をベースにしな

がらも，幅広い理論と調査・研究の知見を取り入れ，さらには身体的な気づきとそのアプローチの重要性に開かれた G.Music の臨床スタイルは，多くの会員のニーズに見合うものだったのだと言えるのかもしれません。

　さて，こうした年月の積み重ねを経て，ここに『リ・スパーク』を上梓することになったわけですが，「スパーク」とはいったい何なのか。どんな言葉が日本語として最もこの比喩の意図を的確に表すものなのか……。訳者の間でさまざまに意見を出し合い，検討を重ねた末に，最終的にカタカナ表記で「スパーク」とすることにしました。それが，最もイメージをしやすいのではないかと思い至ったためです。

　著者による「日本の読者へ」では，改めてこれらの比喩についてまとめられています。もの静かで，情緒的に平板で，ほとんど麻痺したような状態を「アン・スパーク」と表現。人生の早期から，人として情緒的にスパークするような養育やサポートを充分に得られてこなかった，つまり，"まだ（アン un）"スパークしていない人たちです。一方，同じように情緒的にシャットダウンしているのですが，深刻なトラウマのあとの解離状態や，いわゆる学習性無力感のように，これまでの人生の中で一度ならずスパークしていたことがあるものの，そのスパークが"失われた（デ de）"状態にある人たちもいます。両者は一見したところ，同じように情緒的に引きこもった状態にあるように映るかもしれませんが，その発生機序も異なれば，取るべきアプローチも異なるわけです。著者は，自身の身体的な反応（身体的逆転移）への気づきを通じて，それらを見極め，静かに，時には力強く，そうした子どもや大人の患者に語りかけていきます。そして最後の三つ目は「ミス・スパーク」。これは，内的な死を覆い隠すためのスパークであり，そのあり方が決して健康的なものではない，"誤った（ミス mis）"状態にあるものです。

　私たちは皆，人生の中で，時には痛手を負ってデ・スパークの状態に陥ることがあるかもしれませんし，ミス・スパークすることでその痛手を乗り越えようとすることもあるかもしれません。本書に登場する子どもたちも大人たちも，スペクトラムでいえば，そのシビアな極にいる人たちと言えるで

しょう。しかし，私たち自身もまた，程度の差こそあれ，日々，さまざまなスパークの状態を行き来しているのだというイメージを持つことが，著者の主張する身体的な気づきに，より繊細に，そしてより敏感になっていくために，役に立つのではないかと私は思っています。

著者が子どもの精神分析的心理療法士の訓練を受けていた頃のスーパーヴァイザーであり，本書でもたびたび引用されているアン・アルバレズは，本書について「非常に重要なテーマであるにもかかわらず，これまで軽視されてきたことに取り組んだ」ものだと評しています。著者自身も本書で触れているように，激しい行動化を起こす子どもや大人は，臨床家のみならず，周囲の人の関心を引きますし，不安をかき立てます。そしてそのぶん，援助の手も届きやすいものです。しかし，本書で繰り返し取り上げられている人たちは，そうした周囲の感情をかき立てず，むしろ，いつのまにかあきらめられてしまったり，忘れられたりしてしまうような状態にある人たちです。そうした人たちは，専門家からもネグレクトをされてしまうと著者は言いますが（三重の剥奪：Emanuel, 2002*），アルバレズはまさに，著者がそこに光を当てたのだと指摘しているのです。

私たちの日常生活においても，何かと派手で人目を惹く人や物事に注目が集まりがちです。しかし，本書は臨床家としては，光の当たらないところにも細やかな目を向けることを忘れないでいたいという思いを新たにしてくれます。

今なお，世界で起きている戦争の被害者，特にわが国では地震や豪雨災害からの復旧がままならない能登地方や，そのほかの地域の人たちに思いをはせる新しい年の始まりです。

このたびも，元大阪経済大学大学院人間科学研究科研修員の浅見隆史さん

---

* Emanuel, L. (2002). Deprivation x3. *Journal of Child Psychotherapy*, 28(2), 163-179.

のご協力により，迅速に翻訳原稿の取りまとめ作業を進めることができました。ここに記してお礼を申し上げます。そして，最後になりましたが，誠信書房の中澤美穂さんには，いつものことながら，本書の翻訳作業においても，さまざまな時点で多大なるサポートをいただきました。この場を借りてこころよりお礼を申し上げます。

2025年　初春

鵜飼奈津子

謝　辞

　以前，私がとても落ち込んでいたときに励ましてくれた，ロジャー・ホロックス（Roger Horrocks）に感謝したい。

　ここに，文章の一部またはすべてを読み，かつ助言を与えてくれた人々を明記しておく。スー・ビークラフト（Sue Beecraft），リッキー・エマニュエル（Ricky Emanuel），タフィ・ガーシ（Tafi Gashi），ポール・ギルバート（Paul Gilbert），ロバート・グランツ（Robert Glanz），ヘイリー・グレイアム（Hayley Graham），パトリック・ヒーニー（Patrick Heaney），ジョサ・キーズ（Josa Keyes），シバーニ・ランバ（Shivani Lamba），ドロン・レベーネ（Doron Levene），シャロン・ルイス（Sharon Lewis），ロジャー・リンデン（Roger Linden），マイク・ミラー（Mike Miller），ジェーン・オルーク（Jane O'Rourke），サリー・オルーク（Sally O'Rourke），レイチェル・パードー（Rachel Pardoe），ダニエラ・シーフ（Daniela Sieff），ローラ・テナント（Laura Tenant），キャサリン・トーマス（Catherine Thomas），カレン・トリースマン（Karen Treisman），ジョー・ヴァイオレット（Jo Violet），フランチェスカ・ウィッカース（Francesca Wickers），ヘレン・ライト（Helen Wright）。

　エリック（Eric）とクララ・キング（Klara King）のとても思慮深い編集と，セイディー・バターワース-ジョーンズ（Sadie Butterworth-Jones）の表紙デザインに感謝する。

　本書に記述した問題についての理解を助けてくれたすべての患者さん方には，とても感謝をしている。臨床記述はすべて，クライエントの許可を得ているか，または個人を特定できないよう加工しているが，基本的には複数の事例を統合したものである。

著者について

　グレイアム・ミュージック（Graham Music）は，タヴィストック・センターの子ども・青年心理療法士であり，個人開業をしている成人心理療法士である。タヴィストック・クリニックの元子ども・家族部門の副臨床部長でもある。長年にわたり，ポートマン・クリニック，およびタヴィストックの里子・里親と養子・養親，近親者養育チームにおいて，その情熱と臨床経験をトラウマに関わる仕事に捧げてきた。

　なかでも，不適切な養育やネグレクトの余波に取り組むための，幅広いサービスを立ち上げ，運営してきた。特に，クリニックの主流の仕事からは阻害されてしまうことの多い人々のために，たとえば，40校を超える学校内でのサービスなど，地域密着型のサービスを優先してきた。

　また，イギリス国内や海外で，スーパービジョンを行ったり教鞭を執ったりするほか，学会での基調講演も多数行っている。たとえば近年では，シチリア，イスタンブール，アイスランド，フィンランド，南アフリカ，オーストラリアなど，世界各国で教鞭を執ってきた。

　特に，最先端をいく発達に関する知見と，治療的実践とをつなげることに関心がある。主な著書には，*Nurturing Children: From Trauma to Hope* (2019)（『トラウマを抱える子どものこころを育むもの』邦訳2022），*Nurturing Natures* (2016)（『子どものこころの発達を支えるもの』邦訳2010），*Affect and Emotion* (2001)，*The Good Life* (2014)，そして *From Trauma to Harming Others*（アリエル・ネイサンソン〈Ariel Nathanson〉とジャニーン・スタンバーグ〈Janine Sternberg〉と共編 2021）がある。

　アンナ・フロイト・センターの最高責任者ピーター・フォナギー（Peter Fonagy）教授は，*Nurturing Children*（『トラウマを抱える子どものこころを育むもの』）について述べるなかで，ミュージックのことを「確かに，世界

中でおそらくは最も深い思考を持つ子どもの心理療法士である……臨床的な現象を理解し，それを通じて自身の臨床を改善したいと願う者にとって，この本は必読である」と，紹介している。

＊　＊　＊

グレイアム・ミュージックのニュースレターや，ブログ，出版物，イベント予告などへの登録は https://nurturingnatures.co.uk/sign-up/，またはウェブサイト nurturingnatures.co.uk を参照のこと。その他，以下の方法でも連絡を取ることができる。

- E メール：music@nurturingnatures.co.uk
- X：@grahammusic1
- Linkedin：www.linkedin.com/in/graham-music-nurturing-natures

目　次

日本の読者へ：アン・スパーク，デ・スパーク，そして
　　ミス・スパークという状態……*iii*
監訳者まえがき……*vi*
謝辞……*xi*
著者について……*xii*

第Ⅰ部　ザ・スパーク

第1章　なぜスパークが重要なのか，デ・スパーキングとは何なのか ———— 2
スパークとエネルギー……*2*
安全のための収縮と静寂：個人的な体験と科学……*5*
危険信号……*6*
早期の起源……*8*
デ・スパーキングについて，もっと心配すべきなのか……*9*
本書の構成：アン・スパーク，デ・スパーク，そして
　　ミス・スパーク……*11*

第2章　包括的なアイディアと，頻繁に登場する比喩 ———— 16

第II部　スパークを失ったあとのリ・スパーキング

第 3 章　トラウマと解離から人生に回帰する ── 24
　　トラウマ……24
　　ナイーブ・セラピー……26
　　感情からの逃避：メンディ……28
　　　　現実感のなさと安全化……30
　　まとめ……33

第 4 章　スパーキングの機が熟す ── 35
　　抑うつや学習性無力感を越えて，生き生きとスパーキングすること……35
　　恐怖から勇気へ：キーナン……39
　　　　防衛に挑む……41

第 5 章　凍りついたトラウマから安全に向かう旅，そして本物のスパークへ ── 44
　　安全のための麻痺：レイラ……44
　　　　力と横紋筋への移行……48
　　まとめ……52

第III部　アン・スパーク：スパークすることのなかった人々

第 6 章　ネグレクト：ネグレクトを受けた人の潜在力 ── 56
　　感情を避けること……56
　　あるネグレクトの事例：ルッカ……58

平板さの共鳴……60
スパークするルッカ……64
ルッカの発達についての解説……67

第 7 章　生気を喪失した状態からのリ・スパーク ―― 71
意欲を削がれ，削ぐ状態……71
情緒的遮断状態を越えてリ・スパークすること
：ローズマリー……72
つながりの中へとスパークすること……74
安全化から哀悼へ……76
ライフ・ギバーの出現……78
過去のコンフォートゾーンを越えて……79

第 8 章　スペクトラムと保護的な殻 ―― 82
危険なスペクトラム……82
ASD と定型発達的資質の併存……83
アン・スパークと未着火状態：ミケル……86
リ・スパークの作業……88

第Ⅳ部　ミス・スパーキング：誤った種類のスパーキング

第 9 章　欲望と依存的な興奮の落とし穴 ―― 94
最初の欲望……94
報酬の追求と善悪……95
依存に向かう：シュラ……97
アンヘドニア……99
何が役に立ったのか……100
トラウマ，依存，そして脳……103

第 10 章　依存症とポストコロナの倦怠感 ——— 105
恐怖，断絶，そしてパンデミック……105
生気のなさと依存からの回復：チャック……107
　依存症を引き起こす環境の整備……109
　回復……110
ドーパミン：勇気を与えるホルモン——ピーター……112

第 11 章　母親を乗り越えるこころ ——— 117
マインド・ペアレント……117
眩い偽りのスパーク：ジャナ……118
薄氷の上を滑る：ジェッド……122
ダンジョンに潜む野生児たち……126

エピローグ ——— 129
エンジン音，ナマケモノ，そして恐怖に支配されて
身動きが取れなくなるようなことのない気楽さ……129
スパークを見つけ，点火し，燃えさしに息を
吹きかける……133

監訳者あとがき……139

第Ⅰ部

ザ・スパーク
THE SPARK

第1章 なぜスパークが重要なのか，デ・スパーキングとは何なのか
WHY SPARK MATTERS, AND WHAT IS DESPARKING?

スパークとエネルギー

　熱意やスパーク（spark），あるいは欲望を感じているときや，生き生きとした感覚を抱いてエネルギーに満ちているときには，前に進み出したくてうずうずする。一方，スパークを欠いているときには，元気がなく低調で，無気力で平板だと感じる。これは，気持ちの良いことではない。私は，コロナウイルスのパンデミックの最中に，本書の執筆を始めた。人々は家の中に閉じ込められ，孤立し，一人で仕事をする人もいれば，生活の危機にさらされた人もいる。ホームスクーリングで手一杯になり，多くの人がやる気を失った。不安やうつにさいなまれ，私のような者への紹介がかなり増えた。人々は生気をなくし，気力が低下して希望を見出せず，トンネルの先の光を見ることのできる出口を求めていた。実際，スパークと熱意を失っていたのである。

　近年，レジリエンスを最も良く予測する性格特性は，熱意（zest）であることが判明している[1]。心理学者らが定義するように，これは勇気の構成要素であり，エネルギッシュであること，熱心であること，希望に満ちていること，そして困難を避けずにむしろそこに立ち向かう覚悟を持っていることと関連する。熱意とスパークは伝染しやすく，私たちはその近くにいたいと思う。しかし，その反対の無気力やアン・スパーク（unsparked）もまた，多くの情緒状態と同じく，伝染する。

---

[1] Gander F, Wagner L, Amann L, Ruch W. What are character strengths good for? A daily diary study on character strengths enactment. *Journal of Positive Psychology*, 2021: 1-11.

スパーキング（sparking）の比喩は，すべての生命の中心であるエネルギーと電気に由来する。スパークとは，興奮のような個人的なものから，欲望，互いに好きであること，また触れることができそうな対人関係の電気のように，人と人との間にもある。エネルギーが高く，強すぎて落ち着くことができない人もいれば，弱すぎる人もいる。私自身はこの二つの間で揺れ動いている。

　私はこの35年間，心理療法士としてクライエントと出会い，何世代ものセラピストを養成し，恩師や新しい科学，そしてもちろん自身の人生経験から学び，デ・スパーク（desparked）状態と私が呼ぶものについて考え続けてきた。落ち込み，熱意やスパークに欠ける人とは，一緒に仕事をするどころか，共にいることすらも難しい。しかし，困ったことに，このような状態については，まだ充分に理解されていない。

　情緒的なスパークとは，電気の比喩である。すべての生命は電気に依存している。これは，発電所から供給される人工的な電気ではなく，生きていくために必要な電気である。もしかすると生命は，スパークから生まれたのかもしれない。進化には，隕石，火山，そして雷が決定的に重要だったという説もある。そしてもちろん，私たちは皆，本来，星屑なのである。私たちの脳の神経細胞は，電気化学的なメッセージを介して信号を送っている。実際，脳や目にこのような電気信号がなければ，この文章を読むこともないだろう。あらゆる細胞や行為，鼓動，筋肉の収縮，思考，細胞間のコミュニケーション，器官の働き，これらのすべてに電気が必要なのである。

　これは膨大なエネルギーである。ハーマン・ポンツァーは，新陳代謝に関する本[*2]の中で，1オンスの生体組織が，1オンスの太陽エネルギーの1万倍を燃やすと示唆している！　これは主に，食物と太陽光から得られる。すなわち，食物の場合は，「電子伝達系」と呼ばれるものによって予測される。メアリー・シェリーの『フランケンシュタイン』に登場する怪物が，電気によって生命を「吹き込まれる（sparked）」のは偶然ではない。

---

*2　Pontzer H. *Burn: The Misunderstood Science of Metabolism*. London: Allen Lane, 2021.

情緒的なスパークやエネルギーは，生気のなさ，無感覚，あるいはくじかれた状態と対比することができる。生きていることと，不活性あるいは死とを区別するのはエネルギーである。すなわち，生きているものだけがエネルギーを獲得し，それを使って自己複製（self-replicate）し，世界に働きかける。おそらく多くの読者もそうであろうが，私も，生きていた生物が次の瞬間にはただの無機質な死体になってしまうのを見て，生命が絶えることの意味をうまく受け止められずにいたのを思い起こす。

　しかし，生き生きとした，あるいはエネルギッシュなスパークには，いくつかのグラデーションがある。攻撃者から逃げるときのように活性化することもあれば，締め切りに追われて徹夜で仕事をしたあと，すぐに減速することもある。私は個人的にはもっと落ち着き，リラックスしたいと思うことが多いが，無生物あるいはエネルギーのない状態になりたいと思う者はほとんどいないだろう。

　気持ちが沈み，くじかれ，抑制され，抑うつ的で麻痺し，弱っているときには，文字どおりエネルギーが不足している。これは新陳代謝に表れる。病気のとき，たとえばウイルスに感染すると，私たちはしばしば弱気になる。充分な食べ物がないと感じた動物は，心拍数や体温を下げるなどして代謝を低下させ，エネルギーを節約する。これは冬眠中の種や，病気，そしてトラウマのあとにも見られる。

　私たちの身体は恒常性を求める。たとえば，外の天気がどうであれ一定の体温を維持したり，水分補給が必要なときには喉の渇きを知らせてくれたりする。ダイエットがうまくいかないことが多いのは，身体が代謝率を維持するからである。そのため，食べる量を減らすと，身体はカロリー消費をより少なくするという反応をする。身体を維持するための設定値があるのである。身体と同じように，パーソナリティにも設定値があり，私たちは自分のコンフォートゾーンから押し出されるのを好まない。警戒心が強く，少し緊張していることで最も安全を感じるとするならば，そのパターンを変えるのはなかなか困難である。

　恒常性維持のための設定値に逆らうエネルギーが必要なこともあるが，こ

れはアロスタシスと呼ばれる。良いストレスであれ悪いストレスであれ，たとえば，危険から逃れるため，ジムで運動をして筋肉を増すため，あるいは行動や情緒のパターンを変えようとするためのストレスなどである。次に，静止状態がある。これはたとえば，血流やエネルギーの低下に見られるように，変化のなさ，静的な状態，さらには停滞を意味する。淀んだプールには流れがなく，生命はほぼ存在しない。停滞，淀み，減速は，たとえば冬眠中の動物や飢えた人間にとっては都合の良い状態になりうるが，私たちの多くにとっては，はまりたい場所ではない。

　私は，デ・スパーキングという比喩を用いて，エネルギーを失い，活気のない状態に見られる，ある種の停滞を理解しようと考えている。誰もが生存のために，エネルギー，情熱，炎，熱意，興奮，希望，あるいはスパークを，脇に置いておく必要があることがある。ストレス，トラウマ，絶望感，あるいはうつ状態に陥ったときには，こうした反応は適切なものである。不意に大変な喪失に襲われたとすれば，感情は平板化し，抑うつ的になり，ショックを受けるのは理にかなっている。健康な人や生命体は，そのような状態から比較的早く回復し，通常の生活に戻る。しかし，かなり経ってからも生産性が低下し，こうしたエネルギーのない状態からずっと抜け出せないこともある。このような活気のない状態からリ・スパークする（resparking）ための，ロードマップを提示したいと思う。

安全のための収縮と静寂
：個人的な体験と科学

　私には幼い頃，恥ずかしく嫌な習慣があったのだが，それは主に自分の感情を封印するためのものだった。その一つは制服のネクタイをしゃぶることで，そのためにネクタイは嫌な感触になり，見分けがつかない形状になってしまったほどである。他にも，髪を指でねじったり（そう，禿げる前段階，まだ美しい巻き毛が残っていた頃である！），じっと座っているのが望まれる場面で足をピクピクさせていたりもした。さらには，頭の中で強迫的に鳴り

続ける歌もあったが，これは，クロスカントリーレースで勝つために，痛みを無視するのに特に役に立った（しばしばうまくいった）。また，非常に敏感で，大きな音にたじろぎ，あらゆる場面で危険を察知した。強い感情を扱うのは難しく，防衛しておく必要があった。思春期に入ると，ホルモンの影響による圧倒感から逃れるために，1日に1冊の本を読んでいた。複雑で哲学的であればあるほど良かった。これは，こころを開き，視野を広げてくれたと同時に，扱いかねるような感情から守ってもくれた。

　私の癖の多くは，神経質だった9歳の頃に，寄宿学校に送り出されたことに対処しようとして生じたものである。私の防衛は，不安に直面すると収縮し，耐え難い感情を押しのけようとする試みの一例である。このような防衛は，筋肉や存在そのものを締めつけ，他者への警戒心や信頼感の欠如を生み，希望の扉を閉ざした。思春期に本に埋もれていた頃，私は圧倒的な感情から自らを守ると同時に，人生に対する縮こまった態度をも身につけた。これはよくあることである。こうした私の防衛は，なんとか生きていくのを助けてくれた。一方，その過程で，私はスパークや希望，安らぎ，そしてエネルギーを失ってしまった。このような防衛の長所とともに，そのことによる現実的な代償について，そしてそれをどのようにリセットし，再起動し，そしてリ・スパークすることができるのか，探索していきたい。

危険信号

　新型コロナウイルスのパンデミックが襲いかかってきたとき，人々は恐怖心を抱き，危険を回避し，さらには反社会的にすらなった。これらは，危険に対する適切な反応である。しかし，脅威やトラウマのあと，いつ，こうした殻を破るのが安全なのかが，わからなくなることがある。恐怖や不安は簡単に拭い去ることができず，そこに閉じ込められた状態になりかねない。

　危険が迫ると，私たちは静かにじっとしている傾向にある。ほとんどの哺乳類は，捕食者に直面すると無感覚になり，「死んだふり」をする。細菌類でさえ，脅威にさらされると不活性化する。たとえば，抗生物質の前では休眠

状態になり，その危険が去ると「再起動」して再び活性化する。ミトコンドリアは，独自のDNAを持つすべての生物に存在する小さな器官であり，私たちの主要なエネルギー源である。しかし，毒素や細菌類，あるいはウイルス*3などの脅威に直面すると，私たちのミトコンドリアは直ちにエネルギー生産を停止し，他の細胞に危険信号を送る。

　危険を察知すると細胞は信号を停止し，静かになる。ほとんどの動物は，逃げるか，時には戦ったりする。これらの戦略が失敗した場合の普遍的なサバイバルの方法は，ひっそりと静止し，無感覚にすらなることである。心理的，生理的なストレスに対する反応にも，同様の新陳代謝の低下と静寂の過程が見られ，それがエネルギー生産の低下と細胞間のコミュニケーションの減少を導く。危険が去り，再起動し，生き返り，再びスパークを取り戻しても，安全なときを知ることが大切なのである。

　私が長年にわたって関わってきたクライエントに見られるような，より極端なアン・スパークの状態だけではなく，私たちの多くが時に頼る，悪影響が少なく，出たり入ったりできる，より穏やかなデ・スパーキングという対処法についても説明したい。

　デ・スパーキングは幼少期に始まる。小さな赤ん坊は，たとえば長く放っておかれてその状態に圧倒されてくると，電球を見つめたり，自分で自分をなでたり，筋肉をこわばらせたりして対処しようとする*4。こうした戦略は，圧倒されるような体験から一時的に解放してくれるもので，母親が抱っこしに戻ってくるなどして状況が好転すれば，手放すことができる。しかしこれは，より苛酷な事例には当てはまらない。たとえば，重篤なネグレクトを受けた孤児は，こころを閉ざしたあとに戻ることのできる，愛情に満ちた信頼や安全性を決して知らないために，防衛を手放すことができない。深刻な

---

*3　Naviaux RK. Perspective: Cell danger response biology—The new science that connects environmental health with mitochondria and the rising tide of chronic illness. *Mitochondrion*, 2020, 51：40-45.

*4　Bick E. The experience of the skin in early object relations. *International Journal of Psycho-Analysis*, 1968, 49：484-486.

トラウマに直面してこころを閉ざしてしまった子どもも同じで,このような対処法が定着してしまっている。そこには,変化が可能だという信念がない。

絶望はこころの中だけにとどまらず,身体もまた,うつむき加減で猫背になり,ぎこちなく,スパークを失う。神経科学者のアントニオ・ダマシオが示唆するように[*5],情緒とは実際は身体の状態なのである。圧倒されたように感じると,身体が脅威的な情緒を示していることに気づく能力も失われてしまうことがある。たとえば私は,ネクタイを吸ったり足をピクピクしたりすることが,自分でも気がついていない情緒を避けているなどとは,思いもしなかった。

早期の起源

情緒的に安全な乳児は,生後8カ月頃までに,困ったときには信頼できる大人,つまり愛着対象がなだめに来てくれ,そして,世界は基本的に安全で,実際,楽しいものだと考えている。実験では,親が突然見知らぬ部屋に乳児を置き去りにすると,より安全な乳児は泣いたり抗議したりして,助けを期待する。つまり,こんなに恐ろしく,見捨てられることなど起こるはずがないということを,知らせるのである。心拍数やガルバニック皮膚反応(発汗)を調べると,身体的警報信号が非常に高くなっていても,親が戻るとすぐに正常に戻り,乳児は再び安心と安全を感じる。

強くネガティブな情緒,たとえば苦悩や動揺,あるいは怒りなどに耐えることのできない親の乳児は,これほど幸運ではない。こうした親は,自分自身のネガティブな情緒を無視し,また自分の子どものそのような感情を敬遠する。そのような情緒を表に出すと,親の承認を失う恐れがあるため,乳児はそれを表に出すのをやめることを学ぶ。親が見知らぬ部屋から出て行っても,気にしていないかのように過ごす。しかし,心拍数やガルバニック皮膚反応などの生理学的検査を行うと,驚くことに,これらの乳児もまた,より

[*5] Damasio AR. *The Feeling of What Happens: Body and Emotion in the Making of Consciousness*. London: Heinemann, 1999.

安全な赤ん坊と同じ苦痛のシグナルを示していることがわかる*6。では，何が起こっているのか。身体が苦痛を訴えているのに，その動揺を表現する余裕はない。より重要なのは，身体が訴える苦痛を認識することすらできていないということである。これらの乳児は「問題がなく」，あるいは「幸せ」そうにすら見えるのだが，実はこころを閉ざし，デ・スパークし，苦痛の信号を認識できなくなっているのである。

　ここには経験の区分け，つまり解離の一形態が見られる。親からの拒絶を避けられるという利点はあるが，苦痛や恐怖，動揺といった身体の信号を認識することは学べない。さらに，こうした身体の状態は，理解され，扱ってもらうことのできる情緒を意味するのだということすらも学べないという損失がある。つながりの遮断，そして信号を送ることの停止である。電気回路は，接続がうまくいっている場合にのみ機能する。分子間であれ身体システム間であれ，あるいは人と人との間であれ，つながりはエネルギーとスパークの核である。危険が迫ると，私たちはその逆を行く。脅威に対してはシャットダウンし，信号を送るのを停止し，しばしば麻痺し，凍りつき，他者や自分自身とすらも断絶するのである。

── デ・スパーキングについて，もっと心配すべきなのか ──

　デ・スパークし，シャットダウンされた感情は，安楽で充実した，楽しい人生から来ることはほぼない。怒りに満ちて攻撃的で，激しいパーソナリティの人，喧嘩っ早く行儀の悪い子ども，暴力的で不安定なパーソナリティの大人，「押しつけがましく」こちらが無視できないような人などには，多くの注意が向けられる。しかし，静かでエネルギーの低い人は，予後が悪く，実際にはより多くの注意を要するにもかかわらず，あまり関心を集めない。

　近年，私たちの多くは過度にスパークされており，落ち着いて静寂でいる

---

*6　Gander M, Buchheim A. Attachment classification, psychophysiology and frontal EEG asymmetry across the lifespan: A review. *Frontiers in Human Neuroscience*, 2015, *9*: 79.

のに苦労し，また容易に誘発され，興奮する。このような状態にあって，多くの人がマインドフルネスなどの援助に引き寄せられている。より静かで安楽な状態に憧れるのである。これは，デ・スパークな状態の人には当てはまらない。すでにかなり過剰に制御されているため，この反対，つまりスパークし，活気づき，解き放たれるための方法が必要なのである。このような状態にある人は，魅力，エネルギー，生命力，そして情熱を失っている。悲しいかな，これらの失うべきものを持ったことすらない人もいる。

　生きている状態から生きていない状態へという連続体に沿って見てみると，デ・スパークした状態とは，より生きていないということである。冬眠中の動物は，冬を越すために静止状態になる。トラウマを抱えた動物は，捕食者の脅威を見極めるために静止状態になるが，これは細菌やミトコンドリアも同じである。しかし，私たちは人生を「見送り（see out）」たくはないし，スパーク，そして熱意とエネルギーのある，充実した人生を送りたい。

　私がこのような心理状態に惹かれるのには，個人的な理由がある。幼い頃はよくこのような状態に陥り，誰かに手を差し伸べてもらいたいと切望していたからである。コンピューターの画面を長時間見つめたり，物事に執着したりするのは，圧倒されて，十分に生きようとしないことへの対処法の一つである。自分自身や他者のこのような状態に対して，もっと思いやりを持ち，なぜこのような状態になるのか，どうしたら助けられるのかを見出すことは，私にとって大きな挑戦だった。

　このような症状は，当初は，困難な瞬間を乗り切るための対処方法として発達する。このような症状がもともと果たしていた目的を尊重する必要もある。しかし，このような状態に「はまり込んで」しまうこともある。健康を取り戻すためには，この状態をリセットし，再起動する方法を学ぶ必要がある。そのためには，防衛的な状態のプロパガンダに挑戦する必要がある。望みを持ち，つながりを求め，変化しようとすることになど意味がないと告げる声だ。真の変化を起こすためには，注意深く，しかし勇気を持って進まなければならない。

本書の構成：アン・スパーク，デ・スパーク，そしてミス・スパーク

　本書の各章は，人がどのように，そしてなぜ，減衰して（damped down）しまうのか，また，スパークするにはどのような方法があるのかを解明するための，数十年にわたる私の試みを要約したものである。第2章では，これらの状態を理解するための鍵となる比喩と，その概念について説明する。その核となるのはひとつのモデルであり，一連の流れである。まずは，安全だと感じられるようにする必要があるため，主に相互の信頼関係を構築する。リセットすることで，より生き生きとしたエネルギーのある状態に生まれ変わることができるのである。続く三つの部では，これを達成するためのステップを示す。減衰の具体的な形態について概説し，何が役に立つのか，それはなぜなのかを検証する。トラウマやネグレクトなどの極端な例から，誰もが陥る可能性のある通常の状態まで，さまざまな例を挙げる。

　第Ⅱ部の最初にあたる第3章では，私が「デ・スパーク」と呼ぶものについて取り上げ，トラウマや恐怖を引き起こされるような体験が，かつてスパークを持っていた人のこころをいかに打ち砕くのかを記述する。トラウマによって，人はいかに無表情になり，エネルギーや活気（charge）を失い，時には死んだような目になるのか，そして，いかに慢性的に情緒的な安らぎや生気が見られなくなるのかを示す。このような状態からの回復を支援するには，自分の身体の中で安全に生きられるように，まず，危険信号が消えるような充分な安全性を保証する。このような「安全化（safening）」のあとに，リ・スパークが可能になるのである。第4章では，「学習性無力感」と呼ばれる，物事がうまくいくという希望がほとんどない，うつ病のような状態について記述する。誰もがこのような気持ちになることはあるが，恐ろしい体験が非常に早期に起こり，それが継続すると，あきらめの境地に達し，しばしばうつむき加減に目をそらしがちで，へっぴり腰の姿勢になるなど，はるかに良くない状態になる。この章では，絶望から，健康的なエネルギーと潜在

力の回復が可能であることを示す。第5章では，トラウマから，真に希望に満ちた回復を遂げた人の事例研究を通して，そこに必要だったステップを概説する。そして，いかにトラウマからスパーキングに移行することが可能なのかを例証する。

　第Ⅲ部では，また別のことに焦点を当てる。私がアン・スパークと呼ぶ状態，言い換えると，健全なスパークを誘発するような体験を，悲しいかな，まったく経験したことのない人々についてである。第6章ではまず，重度のネグレクトを取り上げる。このような事例について振り返るのは困難なことだが，早期の愛情に満ちた良い体験の欠如は，人生を制限するほどの影響をもたらすのだということを浮き彫りにしてくれる。こうしたネグレクトは，愛情ある配慮によって人生へとスパークされたことがまったくなく，自分自身や他者の情緒的世界にほとんど関心を持たず，むしろぎこちなく生気のない状態に陥らせてしまう。その最も典型的な例は，非常に劣悪な孤児院で育てられた不運な子どもたちである。そのような子どもたちが，人生を取り戻していく旅路を描く。第7章は，もう一つの回復の物語である。早期にネグレクトとトラウマの両方を経験したことで，劇的なほどに人生からの退避に至っていた子どもである。希望とスパークを取り戻すには，人間と人間とのつながりが決定的に重要であることを描写する。

　第8章では，自閉症スペクトラムによく見られる特徴と，他のデ・スパークやアン・スパーク状態との類似点について，再び臨床的物語から見ていく。典型的な保護的方策と，圧倒的に感じられることから目を背ける形態について描写する。自閉症は，現在ではスペクトラムとして考えられている。私たちは皆，そうした特性を持っており，ここで説明する防衛策は，神経症だと考えられている私たちもまた，よく用いるものである。

　第Ⅳ部では，私が「ミス・スパーキング」と呼ぶ，エネルギーはあるが役に立たないあり方で発火し，ショートの危険性に陥りうる状態について説明する。第9章と第10章では，一般的になってきてはいるが心配な現象，たとえば，ビデオゲームやポルノの強迫的な使用など，依存的な心の状態に巻き込まれている人々について見る。このような依存的傾向は，しばしば，内な

る死から逃れようと依存の対象が提供してくれる，生き生きとした偽りの約束に向かおうとする試みから生じる．依存は，健全なスパーキングに向かうというよりは，ひどく整備を必要とする，エンジンの点火プラグの誤作動のようなものである．第 10 章では，COVID-19 の大流行で多くの人が経験したような鈍化を避けるために，依存に走った例を挙げる．こうした孤立の経験が，依存的行動のリスクを高めるのを見ることができる．

　第 11 章では，内なる死を覆い隠す，ミス・スパーキングと偽りの活気のもう一つ別の形，私がマインド・ペアレンティング（mind-parenting）と呼ぶものに出会う．早期に安心して頼ることのできる親や他者がいなければ，その代わりに，早熟気味に自らの足で立つのを学ぶことになる．ここに登場する人々は，賢明で機敏なこころで自らを支えてきた．しばしば，彼らのこころはまぶしく輝いてさえいるが，これは表層的な輝きであり，「ピカピカ」した表面的な光沢のようなものである．身体はエネルギッシュに見えるが，中身は死んで平板である．忙しなく嗜癖的に頭脳を使うことで，そこから逃れようとするのである．このような「ミス・スパーキング」の事例では，実際に直面する必要のある内なる死から逃れようとする試みが見られる．これらの物語は，痛ましい感情に耐えることができたとき，人生がいかに豊かな希望に満ちたものになるのかを示してくれる．

　最終章では，本書に流れるテーマを一つにまとめる．トラウマやネグレクトに起因してこころを閉ざすといった気がかりなものと，怠惰を含む健康なものの，二つのとても異なる形態の不動性を区別する．ナマケモノは，リラックスできない私のような躁的な人間にとっては，うらやましいかぎりの神経系を持つ生き物である．どんなときにナマケモノの状態を憂慮すべきなのか，そしてどんなときにそれが憧れの対象になりうるのか，考えてみたい．

　本書の全体を通して，最初は役に立つ対処方法だったものが，いかにして人生，情熱，そして希望を砕くものになりうるのかを概説することが，主な目的である．内なる生命力にアクセスし，より充実した人生を送るために必要なエネルギーを解放する勇気を見出すこと．それがいかに可能であるのかを示す．

自分自身や他者を理解し，援助するためには，一連のスキルだけではなく，旅に出る意欲もまた必要である。その旅に出るためには，充分に健康でなければならない。訓練なしにマラソンをすることはできない。また，アン・スパークな状態のまま没入する旅は一種の情緒的なマラソンであり，時には消耗するものである。私たちは自分自身や他者に対して，情緒的にそこにいるための訓練をし，微妙に変化する状態のサインを読み取ることを学び，潜在的な成長や変化の指標を見抜いて促進する準備をする必要がある。

　そのためには，困難な体験に没頭する覚悟が必要である。ある者にとっては，自分自身や他者のこころが痛むような苦痛にこころを開くのは，不快なことかもしれない。また，ある者にとっては，それは恐ろしいほどに混乱することであろう。私がそうなのだが，あえて希望を持ち，ポジティブであろうとするかもしれない。さらに（これもまた私なのだが！），強さ，攻撃性，そして力をあえて受け入れることかもしれない。誰にも，入って行くのが怖い場所はあるが，それを受け入れることで，成長を促進することができるのである。

　本書から学んだことを実践するには，私が「神経系のささやき手（nervous-system whisperers）」と呼ぶように，神経系を読み，誘導する，きめ細やかな能力を発達させるかどうかにかかっている。つまり，自分自身や他者の姿勢，呼吸，筋緊張，情緒の起伏，そして肌の色などの微妙な変化に気づくことのできる，より身体的な意識を持つようになることである。また，身体に基礎をおく実践をする必要があると，私は信じている。私にとっては，ヨガ，瞑想，筋トレ，ランニングもそうだが，何よりも最大の難関は，何もしないのを楽しむということを学ぶことである！

　最後に，*Nurturing Children**7（『トラウマを抱える子どものこころを育むもの』）にも書いたが，セラピーにおける最高の教えの一つは，私の最初の師であるデニス・ハイド（Dennis Hyde）が，情緒的なトラブルに巻き込まれるのは，暗い溝にはまり込むようなものだと示唆したことである。私たちは，

---

*7　Music G. *Nurturing Children: From Trauma to Growth Using Attachment Theory, Psychoanalysis and Neurobiology.* Oxford: Routledge, 2019.

その溝の中で苦しんでいる人に手を差し伸べなければならないが、そこには自分自身の苦しんでいる部分も含まれる。しかし、そこで立ち往生して、両者共に閉じ込められたり、はるか上に留まって無関心なところから手を振ったりするようであってはならない。私たちは片足をしっかりと溝に入れ、もう片足をしっかりと土手に置き、力強く手を伸ばし、その溝の外でも生き生きとした体験ができるのだという信念とメッセージを伝える必要がある。アン・スパークな溝にはさまざまな形状と深さがあり、自分や他者の特定の溝に対して、どのように自分を位置づけるのかは、それぞれに異なる。身体の角度、視線、声の高さ、文章の組み立て方、そして情緒的な充電の起伏の制御をどうするのかを学ぶ必要がある。最も効果的に手を差し伸べられる、最善の方法を見つけるためである。どのようにして、アン・スパークな人をリ・スパークすることができるのか。これが本書の主題である。

第2章 包括的なアイディアと，頻繁に登場する比喩

OVERARCHING IDEAS AND RECURRING METAPHORS

　私が デ・スパーキング と呼ぶもの，つまりスパークに欠けていることについて，そしてこうした状態から抜け出すのをどう援助できるのかについての理論を構築するために，新たなものも含め，他の人の仕事から取り入れたアイディアや比喩をまとめておく。

　スパーキングは，本書の中心的なメタファーである。麻痺，空虚，鈍化，死に体の状態――デ・スパーク，あるいはさらに悪ければ アン・スパーク（これまでスパークしたことがない）――から回復するためには，リ・スパーク（再スパーク）する必要がある。また，より騒々しく，躁的な不発（misfiring）の場合，そこには ミス・スパーキング が見られる。他者との良好な情緒的つながりは，安らぎ，生命，自信，そして熱意を生み出す。すべてのスパーキングは，電気回路，神経細胞やシナプスの物理的な接続，あるいは身体のエネルギーシステムの心理的な接続を必要とする。最も中心となるのは，対人間の情緒的関係性のスパークである。乳児にとって最初の欲望の対象は，通常は親である。生まれたときから，乳児はつながりを求めている。情緒的ネグレクトやトラウマなどが起こり，これが満たされない場合，防衛が構築され，つながりは遮断され，スパークは弱まる。

　二つ目のメタファーは**危険信号**で，これは防衛の構築を導く。危険が迫ると，背を向ける，逃げる，戦う，あるいは麻痺するなどの防衛を備えるのは理にかなっている。防衛には，攻撃者に直面して身構えたり，捕食者を前にして無感覚になったりするといった身体的なものもあれば，心理的なものもある。たとえば，恥じ入るような人種差別など，望ましくない考えや感情を押しのけることである。

城は，危険を回避するために橋を引き上げ，安全のために外界との接続を断つことがある。それと同じように，脅威を感じると他者とのつながりを閉ざし，警戒心や「病」気（'dis'-ease）が生じる。このような静止と切断は，細胞レベルでも起こる。細胞のエネルギー源である副細胞のミトコンドリアは，脅威を感じるとエネルギー生産を停止し，危険信号を発する。すると，体内の細胞や臓器間のコミュニケーションが止まる。これは，ロバート・ナヴィオが細胞危険反応[*8]と呼ぶもので，毒素や寄生虫などの脅威や，心理的トラウマから身を守るときに起こる。

トラウマのあと，私たちの脳は，神経系と同じく，危険を察知するようになる。人間は他の多くの生物と同様に，経験から学ぶが，その学びは，私たちのこころ，身体，そして細胞にさえも刻み込まれる。このことは，次のメタファー，**先入観**（prior）と**予測**につながる。先の経験は非意識的な期待や予測を生み出す。脳と身体は常に周囲の環境を感知し，危険か安全か，緊張するべきかリラックスするべきかを判断する。私たちは皆，生涯を通じて，学びと期待を持ってそれぞれの瞬間と向き合う。これは，神経科学者のカール・フリストンが先入観[*9]と呼ぶもので，世界を解釈し，今の瞬間にどう反応するべきかを決めるプリズムである。

たとえば私は，暴力的で恐ろしく，一貫性のない実の両親との暮らしから，養子に出された少年と会っていたことがある。彼は，大人は信用できず，大きな音は危険を意味するといった先入観を持っていた。実際，彼の先入観は，しばしば私たちが予測エラーと呼ぶものだった。たとえば，親切な新しい養父も暴力的だという間違った予測である。私たちは皆，小枝を蛇と間違えたり，ある表情を険しいものだと見間違えたりするなどの予測エラーをするものである。このような予測は意識の外に存在するが，それを意識化し，明る

---

*8　Naviaux RK. Perspective: Cell danger response biology—The new science that connects environmental health with mitochondria and the rising tide of chronic illness. *Mitochondrion*, 2020, *51*: 40-45.

*9　Friston K. The free-energy principle: A unified brain theory? *Nature Reviews Neuroscience*, 2010 Feb, *11*(2): 127-38.

みに出すことによって，その力は失われる。この養子の少年は，新しい母親の優しさを優しさと認識せず，養父の大笑いを寛大さとはみなさなかった。優しさや寛大なこころを信じるようになるには，彼の信念体系と神経系の脅威信号の大幅な再調整が必要だった。

　危険が迫ると，私たちは「ふさぎこみ」，自分と潜在的な危険との間にバリアーをつくる。植物ですらそうである。たとえば，オ̇ジ̇ギ̇ソ̇ウ̇は危険の可能性のある刺激を受けると葉を閉じる。しかし，生物学的，心理学的システムは，侵入者が去ったあともけたたましく鳴り響く警報ベルのように，脅威が去ったことに気づかず，このような危険反応に閉じ込められうる。

　次の比喩は，**安全化**（safening），**リセット**，そして**再起動**である。新型コロナウイルスの後遺症のようなウイルス後症候群などの病気，あるいは毒素やカビへの曝露，または心理的トラウマやネグレクトも，身体や神経系が，危険信号を下げても安全だと信頼できるようになってはじめて，治癒が可能になる。自己免疫疾患では，炎症性サイトカインが，もはや存在しない脅威と戦い続ける。同様に，トラウマのあと，人は，この養子の少年のように，私が彼に感じてほしかった，信頼，リラックス，安らぎや喜び，スパークを感じるのは安全だとは思えない。

　警戒信号が不適切に発せられると，私が**安全化**と呼ぶものが必要になる。危険信号を消すことができるような安全な環境を創り出すことである。これがなければ，私たちはそこにある，あらゆる良いものに接近することができない。葉を閉じたミモザは，生命を育む太陽のエネルギーを受け取ることができない。恐怖のあまり情緒を閉ざせば，トラウマを負ったこの養子の少年がそうだったように，差し迫った脅威を生き延びることはできるかもしれない。しかし，閉じていれば，自分を成長させ，豊かになるのに役立つ情緒的なサポートという「陽の光」を取り入れることはできないのである。

　愛情，共感，思いやり，そして情緒的なつながりといった温かな輝きは，安全化を促し，究極的には経験に対して「ノー」ではなく「イエス」と言うのを可能にする。安全だと感じると神経系はリラックスでき，これがある種の**リセット**を可能にし，癒しのサイクルに入る。これは病気のときに快復の

ための時間を要するのと似ている。健康的な冬眠のようなものでもあり，うまくいけば補充され，健康と安らぎを取り戻し，私が**再起動**と呼ぶエネルギーに満ちた人生への復帰を可能にする。

　脅威にさらされているときには，安全だと感じているときの活発な生理的プロセスの多くが遮断される。トラウマや解離，麻痺，そしてネグレクトを癒すには，自分自身や他者の神経系が発するこれらのシグナルを受容する必要がある。私はこれを**神経系のささやき**（nervous-system whispering）と呼ぶ。これは，自分や相手がスパークする準備ができているのか，それとも圧倒されて安全を強化するための助けが必要なのかを見極めるのに役に立つ。

　神経系が安全を感じると，心拍数は下がり，筋肉組織はリラックスする。心拍変動（心拍の間隔）はより健康になり，呼吸はより深くなり，内省，共感，そして複雑な思考，特に前頭前野の領域に関わる脳回路に，より良くアクセスできる。脅威があると，リラックスよりも生存が優先される。ストレスシステムが作動し，心拍数が上がり，アドレナリンとコルチゾールが放出され，筋肉が緊張するというサバイバルモードに入る。そして，扁桃体などの脅威に関わる脳回路が厳戒態勢に入り，オピオイドによる鎮痛の準備など，生存のための迅速な反応を引き起こす。つまりは麻痺である。

　これらの危険信号を消し，信頼と安全が経験できてはじめて，身体的なレベルで癒され，情緒的に再起動し，スパークすることができる。自信を持って，そして生き生きとした健康的なスパークをもって世界に出ていくためには，内側に希望をもたらす何かが必要である。これを説明するために，私は精神分析家のネヴィル・シミントン[*10]が考案した，内的な**ライフ・ギバー**の概念を用いる。これは，欲望と勇気の側に立つ自己の無意識の部分，つまり，変化と楽観のリスクを可能にし，励ましてくれる内的な親の声である。

　ライフ・ギバーは，安全が確保されてはじめて本領を発揮する。これは，希望の感覚から行動するのを助けてくれ，ジョアン・ハリファックス[*11]が，

---

*10　Symington N. *Narcissism: A New Theory*. London: Karnac Books, 1993.
*11　Halifax J. *Standing at the Edge: Finding Freedom Where Fear and Courage Meet*. New York: Flatiron Books, 2018.

たくましい背中，やわらかな腹面，そしてワイルドなこころと記述したものを育むのを可能にする。デ・スパークした状態には，しばしばその反対，つまり気概のなさ，背骨の欠如，そしてエネルギーの欠乏がある。誰かが「背中を守ってくれている」と感じれば，自信を持って前に進むことができる。減衰（damped-down）状態は，猫背や堅苦しい姿勢や筋肉組織に見られるが，一方で情緒的な健康は，外向きで，経験に対して開かれ，可能性に対して閉じていない。

　リ・スパーキングの要となるのは，健康的な緊張である。緊張しすぎて神経質になっていると良いものを取り入れることはできないが，平坦でエネルギーがない状態でも同様である。むしろ，経験と「たわむれる」柔軟性と同時に，十分な筋肉，開かれたこころとともにある強固な背骨，つまりワイルドなこころが欲しい。スパーキングには野性的な能力も必要なのである！

　このような治癒，安全化，そしてスパーキングは，ほぼ常に，神経系が互いにコミュニケーションをとるような，良い情緒のつながりに根ざす。母親と赤ん坊が互いに愛情をもって楽しんでいるときには，スキャンは彼らの脳波と心拍の同調を示す[*12]。これは，エネルギッシュな電気的接続の最も健康的な状態で，合唱団で一緒に歌う人々や，教師と生徒，またはセラピストとクライアントの良好な関係においても見られる，同調の一種である。いずれの場合も，ストレスホルモンの低下と，オキシトシンのような快感神経伝達物質の上昇が起こる。

　このように私たちは，身体的，細胞的なレベルで共鳴し，影響を与え合う。これまで述べてきたように，熱意は伝染するが，鈍化も同様である。人は相手をリ・スパークすることも，デ・スパークすることもできるのである。神経系のささやき手になるには，たとえば，喉の締めつけが安全化の必要を意味する場合や，身体の緊張が強い感情やスパークを受け入れる準備ができているのを意味することなど，自分自身を含む身体の状態に対して，それを読

[*12] Busuito A, Quigley KM, Moore GA, Voegtline KM, DiPietro JA. In sync: Physiological correlates of behavioral synchrony in infants and mothers. *Developmental Psychology*, 2019, 55(5): 1034.

む微妙な感度が必要である。

　しなやかな表面とワイルドなこころによる「イエス」もまた，恐ろしく困難な経験に直面するのを受け入れることを含むイエスである。水に飛び込むのが怖いなら（私はそうだ！），好きなだけそのことについて分析もできる。しかし最終的には，恐怖に立ち向かい，飛び込み，「思い切って踏み出す」勇気（ウイルドなこころ）を見出すのを助けてくれる，内的なライフ・ギバーを信じる必要がある。このような学びは，頭よりも，むしろ身体や細胞の中にある。

　最後の比喩は，精神分析家のウィルフレッド・ビオン[*13]から得た，**包容力のあるコンテイナー**である。コンテインメントでは，経験に対して閉じて避けるのではなく，それを受け入れ，処理し，消化し，無毒化することで，その危険性をなくす。これは，暗中模索の中で，誰かが思いやりをもって一緒にいてくれるときに起こる。このようなコンテイナーには，包容力があり，経験を代謝し，処理するスペースがある。それによって，圧倒されないようにしてくれるのである。

　情緒的な健康は，さまざまな感情状態に耐え，そうでなければ捨ててしまうかもしれない自分自身の諸側面を，「包み込む」ゆとりからもたらされる。思春期の私は，不安や脆弱さ，嫉妬や傷つきなど，感じていたことの多くを否定し，自分自身にも他者にもそれを隠していなければならなかった。20代の頃，セラピーについての知識があった友人のレイチェルが，初めてそのような感情を持っても大丈夫だと理解するのを助けてくれたときの安堵感は，計り知れないものだった。レイチェルが共感的に受け入れてくれたことで，よりゆとりのある私が生まれた。嫉妬のような感情にも居場所が与えられ，それが評価されることへの恐れといった，防衛的な危険反応を緩めてくれた。それが私の全存在をリラックスさせ，文字どおり，より安易な呼吸ができるようになったのである。

　私たちの危険反応は，時にはそう簡単には下がらないこともある。非常に

[*13] Bion WR. *Learning from Experience*. London: Heinemann, 1962.

ネグレクトされた子どもが愛情に対して，また，トラウマを抱えた人が圧倒的な記憶に対して，そして抑うつ的で受け身的な人が潜在的な能力に対して容易にこころを開かないのも，理にかなっている。先入観に挑戦するような新たな現実を受け入れるには，詩人の T.S. エリオットが「あえて宇宙を乱す」[*14] と表現したように，勇気が必要なのである。

　このことは，続く各章で明らかになっていく。閉じられた状態にあるさまざまな人物が登場するが，そうした状態はすべて理解できる理由によるものである。安全を十分に実感したあとにのみ，勇気をもって放棄することができるのである。あの養子の少年にとっては，大人が親切で共感的だとみなしているからというだけで，突然，その人のことを信用するのは無謀な気がするだろう。跳ね橋や危険信号は生き残りのための防衛機制だが，それには得るものばかりではなく，犠牲も伴う。このようなデ・スパーク状態からどう抜け出し，安全性，思いやりのある人間関係，そして人生が提供しうる良いもの，実に刺激的なものの可能性を信頼するということをどう学ぶのか，以下に述べていく。

[*14] Eliot TS. *The Complete Poems and Plays of TS Eliot*. London: Faber & Faber, 2011.

第 II 部

スパークを失ったあとの
リ・スパーキング

RESPARKING AFTER
HAVING LOST SPARK

第3章 トラウマと解離から人生に回帰する
BACK TO LIFE AFTER TRAUMA AND DISSOCIATION

トラウマ

　新しい学校で緊張していた7歳の私は，地元のわんぱくな子どもにからかわれて，恐怖と絶望を感じていた。私は脅えて，トイレや教室，物置小屋など，ところかまわず隠れようとした。教師からは運動場に出るようにと言われたが，そうすると何が起こるのかはわかっていた。いじめっ子がニヤニヤしながら私の前に現れ，私の名前を叫んだ。彼の拳が上がっているのが見えた。その瞬間，恐怖で足がガクガクした。どこにも逃げ場がないことはわかっていた。私はその場に倒れ込み，ほとんど呼吸もできず，胃が縮こまっていくのを感じた。彼が私を殴り始めたので，それまでケンカをしたことがなかった私も，反撃をしようとした。残念ながら，この物語は良い結末を迎えることはなかった。私は蹴られ，殴られ，嘲笑う子どもたちに囲まれた記憶が残っている。次に同じことが起こったときには，筋肉の緊張はなかった。ただ，だらんとして気が遠くなり，尿意を感じた。このようなシャットダウンは，私たちの細胞や代謝における，身体的，心理的な危険に対する典型的な反応である。

　私は孤立し，内向的になり，誰にも打ち解けることができなかった。このような状況は数週間にわたって続き，凍りつくような感覚，動けなくなる感覚，さらには，自分の身体の外側から自分自身を見ているような感覚を抱いたことも覚えている。幸い，しばらくしてそのいじめっ子は学校を去った。私はスポーツが得意だったため，ある程度受け入れられ，人気者になることもできた。しかし，私は定期的に悪夢を見て，内面には恥と恐怖心を抱いて

いた。麻痺のような感覚と嫌な思い出は何十年も残り，私自身がセラピーを受けて，何年もあとになって自分を取り戻すまで続いた。

　恐怖で動けなくなるという私の反応は，トラウマの典型的なものである。危険な状況において，私たちは静止し，シャットダウンすることが多い。トラウマは定義上，圧倒されるもので，時には生命を脅かすものである。しばしば，麻痺や減衰といった，生存反応につながることもある。他の動物，そして実際には植物，細菌，ミトコンドリアすらも，そこに脅威があるときには静止するという。同様に，人間にも，苦痛な感情や記憶からの遮断という反応が見られる。

　解離のプロセスは幼い頃から始まる。精神分析家で乳児研究者でもあるベアトリス・ビービーは，トラウマの背景を持つ母親が，自分の4カ月の赤ん坊に対して攻撃的な表情を浮かべて迫り，その赤ん坊が怯えるような表情を見せる様子をビデオに収めている[*15]。しかし，この小さな赤ん坊は，一瞬でその怯えを，それを和らげるような微笑みに変えた。おそらくは，この赤ん坊はすでに，苦悩の感情は，母親自身のトラウマのために，母親には耐えられないということを学んでいたのである。この幼い赤ん坊は，母親や自分自身に対して，このような感情を隠したのである。解離し，自分が苦悩や恐怖を感じていることすら，自覚していなかったのである。

　トラウマにおいては，人は文字どおり「無思考」になり，麻痺（状態）に陥り，口をきかなくなることがある。これは，天敵による襲撃などの生命を脅かす出来事に直面した場合には，理解できることである。非常に深刻な症状を抱える人々は，早期に，一つだけではなく複数のトラウマを経験している。拷問を受けたり，暴力や性的虐待を目撃したり，その被害者になったりするというような，恐ろしい出来事に一貫してさらされた場合，多くの時間をこのようなシャットダウンの状態で費やすことになる。

　トラウマは，人を根源的に安全ではない状態にする。ここには特定の支援が必要である。トラウマを経験して解離している場合，自分を活気づけよう

---

*15　Beebe B, Lachmann FM. *The Origins of Attachment: Infant Research and Adult Treatment*. London: Routledge, 2014.

としたり，楽しませようとしたり，あるいはより活発になろうとしたりする試みは逆効果になりうる。トラウマのあとは，たとえば感情を理解したり，表現したり，思い出に向き合ったり，あるいは遊びごころを持って応じたりするのに苦労する。実際，活気づけられて感情を感じ始めるという考えそのものが，不安や恐怖を引き起こすことがある。特に，感情を感じることは，被害者が避けるためにシャットダウンしていたトラウマの症状の再体験と関連するためである。

ナイーブ・セラピー

　長年にわたり心理療法士としての訓練を受けてきたにもかかわらず，私はトラウマとその影響を理解していなかった。その結果，最近までセラピストの間で一般的であった，善意ではあるものの未熟な（naïve）アプローチを用いて，多くの間違いを犯してしまっていた。実際，トラウマについては，1970年代以前にはほとんど語られることも認識されることもなく，わずかこの数十年で理解が深まったのである。

　多くの援助職と同じく，他者の感情，特に苦悩を理解することに優れている個人的な理由は，私にもあった。私の家族では，気分の変化に敏感に反応し，他者を落ち着かせる方法を知っていることが役に立った。のちにこれは，心理療法士にとっての優れたスキルであるとわかった。聴くこと，気持ちの動揺にとどまっていること，他者の苦しい話に耳を傾けることは，私が得意とすることだった。私自身の個人セラピーでは，自分の感情を聴いてもらい，真にトラウマ的なものも含む，脇に追いやっていた悩ましい日々の出来事を消化するのを支えてもらうことで，安心感を得ることができた。

　こうした困難に向き合う勇気を持つようになるにつれて，人生がより豊かに感じられるようになった。多くのセラピーでは，苦しい感情を聴き，それに耐え，それを表現することが，安堵をもたらすと教えられる。しかし，間もなく，これがうまくいかないこともあり，トラウマに対しては有効ではないことがわかってきた。そして，自分の手には負えないと感じた。

トラウマの新たな理解は，痛みにゆっくりと近づくか，あるいは痛みを避けることが重要な場合があると説明する。まず，危険信号を和らげるのに役立つ，安全な感情の状態を築かなければならない。トラウマを抱える人は，最初に安全感（safeness）を必要とする。早急にトラウマに触れさせることは，鋭い器具で創傷をつつくようなものであり，再トラウマ化や解離状態，そしてフラッシュバックなどの防衛を増幅させる引き金になりうる。

　定義上，トラウマとは圧倒されるものであり，フラッシュバックとは恐ろしい過去の出来事が現在起こっているかのように感じられることである。そのため，まずは，気楽さや穏やかさ，そして信頼を確かなものだと考えられるパーソナリティを築き上げ，常にそこに存在する安心できる内的な安全基地（safe base-camp）を形成する。そして，そこから困難な経験を再訪し，それを処理するために，リセットや再起動，そして安全感を高めるという段階を踏むことが非常に重要である。したがって，コンパッション・フォーカスト・セラピー[*16]やEMDR[*17]などの，新たな形態のトラウマ療法の多くは，彼らが「リソース」と呼ぶものを構築するための努力をする。つまり，安全で安心，そして自己愛を感じられる内的状態である。たとえば，呼吸法や安全な場所，あるいは頼りにすることのできる思いやりのある滋養的な対象を思い描くことなどである。これらはすべて，副交感神経系の鎮静化の側面を刺激する方法である。重要なのは，危険信号を解除し，安全性を信頼することである。これがなければ，決して，痛みやトラウマを処理することはできない。リセットすることで警報信号をオフにし，安全感を高め，気楽さと信頼，収縮ではなく開放，硬直や不信感ではなく柔軟性を育むのである。

[*16] Gilbert P. Explorations into the nature and function of compassion. *Current Opinion in Psychology*, 2019, *28*: 108-114.

[*17] Parnell L. *Attachment-Focused EMDR: Healing Relational Trauma*. New York: W. W. Norton, 2013.

感情からの逃避：メンディ

このことは，青年期後期のメンディに初めて出会ったときに明確になった。彼は残忍なギャングの襲撃の被害者で，一緒にいた友人はメッタ刺しにされた。メンディは青年期の心理療法サービスに紹介されてきた。私は，彼が襲撃について話し，処理し，それを終わらせる準備ができていると，過度に楽観的に仮定してしまっていた。

出会ったとき，彼は適切な緊張感を持っているように見えたが，多少イライラしていた。最近の出来事について話したいかどうか尋ねると，彼は興奮し，身体をひきつらせ，額に汗をかき，遠くを見つめた。私は不安で息を止め，頭が真っ白になり，他のトラウマを抱える患者との間で体験したのと同様に，彼のシャットダウンと共鳴している自分に気がついた。

メンディの体験を想像してみる価値はある。彼が受けた暴行は極端にひどいものであり，友人を助けることができなかったことが，さらに状況を悪化させていた。彼はその出来事をあまり覚えていなかったが，これはトラウマのあとには一般的なことである。彼はある種の麻痺状態に陥っていた。これは誤って，フリーズ反応と呼ばれることもあるが，生命の脅威や，圧倒される痛みに対抗するために用いられる，古典的な防衛機制である。文字どおり，痛みを止めるために鎮痛オピオイドを放出し，呼吸が浅くなる。ブラディカルディアと呼ばれる，心拍数が劇的に低下する反応により，幽体離脱のような感覚さえ持つこともある。性的虐待の被害者の多くは，自分のことを上から見ていると述べる。

これはシャットダウンであり，細胞危険反応で見られるものと非常によく似ている。体温は低下し，発声は停止し，緊張性麻痺と呼ばれる，ある種の麻痺が見られる。その他の症状には，瞳孔の拡張や発汗がある。もちろん，ほとんどの捕食動物は，毒性のあるものを食べるリスクを冒すことはないため，死んだように見せることで生存の可能性を高めるのである。

こうした極端な反応の直前に，より警戒状態の高いフリーズが見られるこ

とがある。フリーズでは，身構えるか，戦うか逃げるかの選択肢が残されている。動けなくなり，心拍数は低下するが[*18]，おそらく環境を観察し，スキャンし，非意識的に直近の危険の兆候を捉え，積極的に安全のための準備をする。これがうまくいかない場合に，次の段階である緊張性麻痺へと移行する。

　これらのすべてがメンディに関連する。ギャングに襲われたとき，彼は戦うことも逃げることもできないと気づき，無力であった。彼には麻痺するか沈黙するかという，最後の手段しか残されていなかった。逃げることで，ある程度はコントロールが保たれる。そこには活気を持つことや行動すること，そして希望が必要である。闘争反応であればなおさらである。しかし，メンディにはこれらの選択肢がなかった。

　実際，メンディは，それ以前から麻痺する傾向があった。父親は，母親やきょうだい，そして彼に対して暴力的で，彼は恐れを抱く内向的な子どもだった。おそらく，ギャングは無意識的に，彼の足取りから潜在的な被害者性を察知していたのかもしれない。ある調査・研究は，加害者にはこうしたことができるということを示している[*19]。彼はシャットダウン，恐怖，および戦慄について骨の髄まで知っていたが，逆の経験，つまり運命をコントロールすることや戦うこと，本当の力や能力を持つことがどのような感覚であるのかについては，身体的にほとんど理解していなかったのである。

　私が未熟にも，メンディに何が起こったのかを尋ねてしまった際，彼は興奮したがその後は引きこもってしまい，足取りはロボットのようになり，カタレプシーと呼ばれる状態に移行する兆候を示した。これは，カタトニック状態に見られる麻痺と関連するものである。彼は頻繁にフラッシュバックに襲われることを認めた。そして，それが原因で，自宅を出ることにすら不安を感じていたのである。

　このような麻痺は，理にかなった適応方法ではあるが，代償もある。非常

[*18] Levine PA. *In an Unspoken Voice: How the Body Releases Trauma and Restores Goodness*. Berkeley, CA: North Atlantic Books, 2010.
[*19] Book A., Costello K., Camilleri JA. Psychopathy and victim selection: The use of gait as a cue to vulnerability. *Journal of Interpersonal Violence*, 2013, 28(11): 2368-2383.

に遅い心拍数や，従順で「死んだような」振る舞いは，有用な防衛機制である。解離さえも，圧倒されるような考えや感情から解放されるのに役立つ。身体と神経系は，そこに脅威が存在すると信じている。このような信念は，未熟なセラピストがトラウマについて語ることが役に立つと提案しても，変わることはない。トラウマをめぐっては，慎重に取り組むということを学ぶのに何年もかかった。未熟であるがために，失敗しては事態を悪化させてしまうことがある。

　メンディは平板化しすぎると同時に緊張しすぎており，中間の状態がほとんどなかった。動きには優雅さや安楽さが欠けていた。絶えず危険を警戒し続けていたが，彼の経験を考えればそれも理解できる。呼吸は浅く，ほとんど安心感を持てず，エネルギーは外側の体験に向かうのではなく，自分を守るために内側に向かい，閉ざされていた。生命と生気は脅威であり，記憶はトラウマ化されていた。メンディが何よりも必要としていたのは，安全を確保（safening）し，安楽さを感じ，細胞の危険反応[†1]を和らげることだった。

◆現実感のなさと安全化◆

　暴力的な幼少期に加えて，メンディのトラウマ体験は，古典的な解離症状を引き起こしていた。解離のあとに現実感が持てないのは，二つの様式がありながらもしばしば一つの症候群として見られる，離人と現実感喪失を意味するDPDRと呼ばれる状態である。離人症（DP）とは，自分自身から切り離され，まるで映画のように，自分自身を外側から見ているような感覚のことである。映画『トゥルーマン・ショー』が，多くの人々の共感を呼び起こした理由はこれかもしれない。離人症では，身体の感覚とのつながりがなくなり，感情を感じることができないことがよくある。ロボットのように感じられ，こころはまるで「ぼんやり」として，真綿で包まれているかのようなのである。

　現実感喪失（DR）もこれと似ているが，この状態では，外界や時には他者

---

†1　（訳注）環境の脅威または傷害に対する普遍的な反応。

に対しても，充分な現実感を持てないことがある。メンディは，出来事や他者を，まるでヴェールやガラスの壁越しに見ているかのようだと表現した。周囲の状況に対して高い意識を持ち，対象物がどれほど大きいか小さいか，近いか遠いかについて，歪んだ感覚を持つ被害者もいる。これはおそらく，トラウマティックな出来事に際しては役に立つ。誰かがナイフを持って向かって来た場合，そのナイフに対して極度の警戒心を抱く。ナイフが非常に大きく見えるかもしれないが，他の物体はそうではない。しかし逆説的に，物事がぼやけて色あせて感じられることもある。これは，体験から距離を置く必要があるために起こる可能性のあることで，情緒的なトーンや色調を失わせる。

　愛想の良い笑顔の裏で，メンディはかなり麻痺していた。教師たちは彼に対してイラ立ち，頑固で注意力が散漫だと非難し，つまらないとからかった。メンディはよく「ボーッと」しており，彼と一緒にいると私も空っぽに感じ，そこにしっかりと存在している感じがしなかった。自分の身体的存在を感じないことは，父親や攻撃者の暴力にさらされていたときには，保護的な役割を果たしただろう。DPDR に取り組むのは困難である。被害者が何かがうまくいっていないことに気づいており，絶望感を抱いていることが，その理由の一部である。DPDR は，ただ頑張ることで変えることができるものではない。実感を持とうとすることができないのである！

　変化は，操作の順序とでも呼べるものに従って，ゆっくりと段階的に起こる。まず，メンディは安全を感じる必要があった。それには危険信号を抑える必要があるが，これは簡単なことではない。保護として発達した防衛は，軽々しく手放せるものではないからである。私たちは神経系のささやき手となり，過度に警戒心の強い神経系が，現実の危険はもう存在しないと信じられるよう，援助をする必要がある。それによってはじめて，静寂を体験し，身体の内側から自分がそこにいるのだと感じることができるようになる。認知的な説得や努力ではなく，ほぼ細胞レベルで，深くこころの奥底で感じることができるようになるのである。

　私は，それが自宅，職場，セラピーの場であっても，可能なかぎり安全で，

トラウマ反応の引き金を引かないような環境の重要性を学んできた。そうでなければ，どんなポジティブな変化も台無しになってしまう。メンディとは，まず古典的なアクティビティから始めた。具体的には，方向を見定めること，つまり彼をサポートして空間を確認し，部屋を注意深く見回すことである。これは，初期のフリーズ反応でよく見られるものに対する対応策の一つで，心拍数を下げる傾向がある。また，制御感と意思決定の可能性を与えてくれる。

　ここから，彼が自分の体内でより安全に感じられるような援助をすることができるようになった。これには複数の方法がある。ルールブックは存在せず，それぞれの人によって異なる。私はしばしば呼吸を深めることから始めるが，これはメンディには効果がなく，パニックを増幅させるだけであった。そのため，彼が安全を感じたことのある時間や場所を想像しようとしたり，リラックスした筋肉や胸の中の温かな感情など，身体に付随する安心感を知ったりするために，他の技法を用いた。彼は，怒りっぽい父親から一時的に逃れることができる，親切な女性の隣人を思い出した。彼女と一緒にいたときの感覚や，彼女が提供してくれた安全感に関連する身体の記憶，彼女が優しさを示してくれたときの感情を思い出すように伝えた。これは基本的に，記憶をつくり上げ，新たに具現化された体験としての安全感を形成することである。彼はこのような思いやりのある像の存在を想像すると，安心できることに気がついた。おそらく，私と共に感じる安全感が，それを促進したのかもしれない。思いやりのある像は，かつて知っていた人，宗教的な存在，または愛するペットの形もとりうる。メンディはネルソン・マンデラを選んだ。彼のことを思い浮かべると，より穏やかで安心した気持ちになった。ネルソン・マンデラの写真を寝室に飾ることで，平穏を取り戻すことができたのである。

　呼吸法に取り組むと，トラウマ反応の引き金を引いてしまうことがあったものの，私はメンディが基本的な身体感覚を体験するための援助を，ゆっくりと実践することができた。たとえば，床に触れる足や，椅子に座るお尻の感覚などである。ここから，指やつま先の感覚，血液の流れる鼓動，痛みや

違和感，胸部での呼吸の感覚といった，ボディスキャンの技法に移ることができた。これらは，地に足を着け，より今に生きる感覚や安全感を学ぶ方法である。身体感覚を感じることが危険に感じられるのは，メンディだけではなく他の多くの人にとっても理解できることであり，慎重に歩を進める必要がある。

　安全感が構築され始めると，より深い呼吸やリラックスの瞬間，そして信頼感の増大など，他の変化も徐々に現れるようになる。信頼と安らぎの増幅，そして安全な身体感覚の経験は，トラウマを処理する能力を築くための前提条件である。私はしばしば，これを凍った指が解凍される体験にたとえる。チクチクと痛むこともあり抵抗もあるかもしれないが，最終的には最善の結果になることがわかっている。トラウマを解凍するには，非常にゆっくりと歩を進める必要があるのである。

　メンディはゆっくりとこれらの介入を活用し，最終的には外出して買い物や職場に行くことができ，より自信を持ち，恐怖心も減じた。今では，トラウマ反応が起きると呼吸が速まり，胸が締めつけられるということに気づくことができる。そこでたとえば，足が床に触れていることを感じたり，他の身体感覚を観察したりすることで，自己を再調整することができるようになった。身体に対する意識の向上が，真のターニングポイントだった。自分の鼓動や筋肉の緊張，逃げ出したいという思いに気づくことで，DPDRの症状がゆっくりと解け始めた。トラウマの記憶やそれに伴う身体感覚も含め，経験したこととともに，より今に存在することができるようになった。そうして，希望を持つことができ，恐怖心や緊張は減り，安全を感じられるようになった。自分の人生に積極的に参加できるという信念を得ることができたのである。

― **まとめ** ―

　本章では，無感覚やスパークの欠如により，圧倒されるような恐ろしい体験に直面した際に，何も感じずに解離する必要性という負の遺産になりうる

ことについて記述した。無感覚は，感じたり思い出したりする代わりに，恐ろしい経験を生き延びるのを助けてくれるが，その代償も大きい。解離やDPDRといった症状は，かなり慎重に扱う必要がある。叩き潰したり無理強いしたりはできない。トラウマを負った人にとって，情緒的スパーキングは，脅威に感じられる。感情をなんとか再び感じられる人生を信じる援助をするためには，慎重に歩を進める必要がある。

　メンディとの面接の多くは，危険信号を徐々に下げて，安全性を信頼し，彼の身体が信じ込んでしまっているほどには危険は存在しないということを知ってもらうのに費やした。ショートや過熱，シャットダウンを避けながら，真の健康的な再充電の条件を整える必要があった。リセット，再起動，そして危険信号の低下のあとにこそ，エネルギーの増加も，生へのスパークの準備もできる可能性が起こる。このあとの各章では，安全性が確保されたあと，より充実した人生を受け入れるために，スパークを安全かつ健康に注入する方法を見ていく。

第4章 スパーキングの機が熟す
RIPE FOR SPARKING

抑うつや学習性無力感を越えて，生き生きとスパーキングすること

　エネルギー，あるいはその欠如が，本書のメインテーマである。多くの人々がスパークやエネルギー，生，あるいはフロイトがリビドーと呼んだものを欠いている。スパークが決して発達しなかった（アン・スパーク）人もいれば，抑圧されたり無効化されたりした（デ・スパーク）人もいる。スパークは解放されたり緩和されたりする必要があるのである。

　受け入れられないと判断して感情を抑圧するなどといった些細なことで，デ・スパーキングは生じうる。たとえば私の家族では，嫉妬や怒り，競争心を示すことは許されていなかった。感情を抑え込むことは，エネルギーを流れさせるのとは反対に，それを堰き止めることを意味する。これまで見てきたように，これは幼い頃から始まる可能性がある。親が赤ん坊の苦痛に耐えられない場合，赤ん坊は自身の苦痛の表現を制止し，それを感じることすらしないよう学ぶ。その根底にはたとえば，親の承認や愛情を失うことに対する恐怖があるが，子どもはそれを犠牲にすることはできない。

　親や社会的な期待，フロイトが超自我と呼んだものは，私たちが依存する人にとって許容できない欲望や思考，そして感情を抑圧するためのメカニズムである。これにより，不適切な性的願望などの衝動と，それを否定する必要性との間で，人は葛藤を経験する。そして，このような葛藤自体が不安を生み出し，デ・スパーキングを引き起こすのである。

　たとえば，30年ほど前に私が参加していたセラピーグループで，のちに尊

敬する同僚になるある女性が，建設作業員らに性的な意味合いを持つ口笛を吹かれると，性的な威嚇のように体験すると不満を訴えた。今でもそうだが，私はそのときも，そのように扱われる女性に同情すると同時に罪悪感も抱いた。実際，自分が性的な欲望を持つ男性であり，それを表現することが他者の苦痛の原因になりうることに，嫌な気持ちになった。私と他の2人の男性が静かに座り，黙って頭を垂れていたのに対して，女性たちは彼女をサポートした。その後，グループの中の4人目の男性が，議論の雰囲気に異議を呈した。彼は，誰のことも不快にしたくはないが，性的欲望を持つことについても認めたいし，それを恥じることなく感じたいと率直に述べた。一部の女性はこれを聞いてとても助けになったと言い，彼女たちが経験するジレンマについて説明した。つまり，評価されることは好ましいことだし，男性から気づかれたくないわけではないが，同時に威嚇されたくもないという。私は大きな安堵感を得たが，少しバカバカしくもあった。自分がどれほど頻繁に，恥や罪悪感のために，本当に感じていることを受け入れるのが妨げられているのかに気がついたからである。

　恥は顔を赤らめたり，ふさぎこんだ表情を浮かべたりといった身体的な反応を伴う。叱られることや，殴られたり襲われたりするのを恐れていると，私は従順な態度をとる傾向にある。進化論は，社会的序列システムについて説明するなかで，序列の低い動物は序列の高い個体に従属するという。その従順さは，身体的な様式と心理的な様式の両方を通じて露呈する。動物の場合，仰向けに寝たり腹を見せたりするのがこれに当たるが，人間の場合は身体を小さくする，たとえばうつむいたり下座に座ったりすることであろう。

　より極端な恐怖の例に，マーティン・セリグマンが学習性無力感[20]と呼んだものがある。この残酷とも言える実験では，犬に電気ショックを与える。レバーを押すことでそれを止めることができる犬と，そのような機会を与えられない犬がいる。状況をコントロールできない犬は，逃げることができる状況に置かれてもなお，それを試みなかった。実際，この犬たちの「学習性

---

[20] Maier SF, Seligman ME. Learned helplessness: Theory and evidence. *Journal of Experimental Psychology: General*, 1976, *105*(1): 3-46.

無力感」は一種の性格特徴となり，恐怖や絶望に陥ると，人間の抑うつや不安に非常に似た症状を示すようになった。私が出会ってきた多くの人々は，恐怖や運命に対するコントロールを持ち得なかったことで，こころ（spirits）が崩壊してしまっていたのだと言えるだろう。

　アウシュヴィッツの被収容者であった精神科医のヴィクトール・フランクルは，強制収容所の生存者の多くが，解放された当初は門から出て行ったものの，すぐに戻って来て収容所内に横たわったと報告している。本当に自由が手に入れられるのだとは信じられなかったのである。これは，暴力や虐待に抗議せず，あきらめ，絶望に打ちひしがれるトラウマを受けた人の多くに見られることである。たとえば，性的暴力，家庭内暴力，または人種的暴力の被害者となった子どもや大人は，自分の立場をあまりにも受け入れすぎてしまっているのである。

　私たちは皆，不安や恐怖，あるいは罪悪感から，多くの思考や感情を抑圧し，否認する。このような抑圧はしばしば，より生き生きとした感情を奪い去ってしまう。しかし，学習性無力感は，人生の灯火が消えてしまった，より憂慮すべき状態である。加害者が去ったあとも続く，麻痺状態をもたらすトラウマによる恐怖である。これはしばしば身体に現れる。うつむきがちな姿勢で頭を下げ，背筋を伸ばすのを恐れるのである。

　私自身も批判や非難を予期し，恐怖から麻痺してしまうことがある。物事がうまくいかないときには自分を責めるなど，こうしたことをよく知っている。親が怒りっぽかった子どもの多くと同様に，私もしばしば恐れを感じて臆病になり，あきらめて引きこもってしまっていた。今でも感謝しているが，ある教師が私の悲しそうな表情に気づき，私の目がとても悲しそうだと言ってくれたのを覚えている。私は自分が悲しい目をしていることを知らなかった。怒るにはあまりにも恐れすぎており，自分を責めるばかりだったのである。もちろん，ほとんどの子どもは自分の親に向かって怒る余裕などない。そのため，批判は内向きに，つまり自分自身に向けられる。私もそうだったのだが，私は虐待的環境で育った無数の子どもにも，同じ様子を見てきた。これは，ずいぶん前に精神分析家のロナルド・フェアバーンが鮮やかに描写

した，道徳的防衛*21 と呼ばれるものである。悪魔に支配される世界で良い子でいるよりも，善き神に支配される世界で悪い子でいるほうが安全に感じられるのである。

　心理療法士は，苦しい感情にどうにか対処し，嘆き，悲しみ，脆さを受け入れるのを援助するために努力する。これらはすべてとても重要なことだが，ここで述べたような状態に対しては，より積極的で活力を与えるような（energising）アプローチが必要である。怒りや憤りは，虐待やトラウマに対する適切な反応であり，無視されるべきものではない。

　同僚に攻撃されたり，パートナーに平手打ちをされたりした場合に，無力感やあきらめの中に退却するのではなく，やり返すのは健康的な行動であり，力を感じることにもなりうる。しかし，怒りは恐いものかもしれない。再び叩かれたり，必要な人を遠ざけたりすることになるかもしれないと，恐れるかもしれない。自分に起きたことについてどう感じるのかを尋ねると，多くの被害者は，「叩かれても仕方がないのかもしれない」「自分があんなことをするべきじゃなかった」「でも本当は，彼は私を愛している」などと言う。こうした合理化は，表面下にある感情，たとえば動揺や傷つき，そしておそらくより重要なのは怒りを感じるのを妨げる。

　合理化は，感情から距離を取り，思考に頼るときに起こり，激しい怒りによってイライラするときのような感情への対処として，よく用いられる。学習性無力感は，しばしばこのような防衛戦略をもたらす。しかし，自分自身の身体や内側の正当な怒りや憤り，抗議といった感情を実感し，それらを受け入れ，そうした感情に近づくことができるようになるためには，援助が必要である。それによって，恐怖心が減り，力強く，たくましく，そして活力に満ちた（energised）存在になるという自信を持つことができるようになるのである。

---

*21　Fairbairn WRD. *An Object-Relations Theory of the Personality*. New York: Basic Books, 1962.

恐怖から勇気へ：キーナン

　こうした考え方について，複雑な背景を持つ混血の若者，キーナンとの出会いを通じて明示したい。彼は人種差別のターゲットになっており，学校ではいじめを受けていた。自宅では弟妹の実父である継父から，言葉と身体的な暴力を受けていた。私が出会ったとき，彼は悲しげで，神経質で自信がなく，また，ぎこちなく偽りの笑みを浮かべ，低姿勢でいることでやり過ごしていた。多くのアン・スパークな状態の人のように低調であったわけではないが，確固たる存在感に欠け，自分自身に価値を見出せないでいた。

　彼は他者の目を見ることができなかった。つかみどころがなく，他者は信ずるに値しないとでもいうかのように，常に退避しようとしていた。表面下に深い痛みと悲しみを抱えていたが，さらにその奥に隠されていたのは怒りであった。家では何時間でも虚空を見つめたり，コンピューターゲームに没頭したりしていた。未消化で否認された情緒があるときには，平滑筋系でよく見られる多くの生理的症状を訴えた。たとえば，過敏性腸症候群（IBS）や偏頭痛，吐き気，下痢，突然の尿意，腰痛などである。平滑筋は，生理学的に消化管や血管に存在し，意識の制御外である。怒りや憤りなどの未消化で否認された感情を感じることを学ぶと，このような平滑筋の症状が消えることがあるのには驚かされる。

　事態は人種が絡むとより複雑になることが多いが，特に若い黒人男性にとってはなおのことであろう。キーナンはクールで強く，タフな存在になりたかった。それは彼の仲間たちの望みでもあった。教師たちには好かれていたが，学業面での可能性については，決して真剣には扱われなかった。おそらく，黒人の若者にとっては典型的なことかもしれないが，彼はスポーツを奨励され，サッカーでキラリと光る能力を見せると，いじめは収まった。満面の笑みを浮かべ，目立つこともなくなり，まるでサッカーのピッチ上でタックルをかわすように，グループや友人，思春期に内包する危険をひらりとかわせるようになった。私自身が，サッカーやスポーツのおかげでひどい思春

期から救われ，自己の価値を感じられるようになった背景があることから，私は個人的に彼に共感を抱いていた。

しかし，実際には，キーナンは非常に不幸だった。崩壊寸前または爆発寸前で，自分を取り巻く強烈な感情に，ほとんど対処できないでいた。16 歳でセラピーにやって来た理由は，年長の男子への片思いという苦痛な体験で，これが彼に絶望的な自殺願望をもたらしていた。キーナンは自分がゲイであることを受け入れてはいなかったが，しぶしぶ認めざるを得なかった。彼の生活圏での同性愛嫌悪の思春期文化もあり，不適切感が増幅されていたのである。

初めて会ったとき，彼はあまりにも恥ずかしがり，私を見ることもできないようであった。私は，フードとマフラーの下に隠れた彼の顔を，ほとんど見ることができなかった。彼はぎこちなく，距離があり，まるで同じ部屋にいないかのように感じられた。評価されること，特に自分の性的指向について心配しており，ほとんど筋道立てて話をすることができなかった。このような一貫性の乏しさは，情緒的に圧倒された状態でよく見られる，認知的不協和である。これは，トラウマによって起こることとも関連する。話すために必要なブローカ野がオフラインになるのである。メンディと同様に，最初の作業は，安全性を発達させることであった。つまり，身体を楽にするように援助し，自分自身や自分の性的指向に対する恥や自己嫌悪ではなく，セルフ・コンパッションを見出すことであった。最初に，私たちの間に情緒的な結びつきや信頼，そして共有できる言葉を築く必要があったが，それには何カ月もかかった。それはもっともなことだった。異なる文化圏の年上の男性である私を，信頼などできようか。

リラックスしてくると，彼の顔には血色が戻り，呼吸は深まり，より意図を持って動くようになった。私は，感情に立ち向かう準備ができていることを示す，横紋筋の健康な緊張の兆候を捉え始めた。彼の場合，手を握りしめて深くため息をつくことがあったが，これはしばしば準備ができているサインである。クラスメートとのやり取りについて説明する際，顔には嫌悪感が浮かび上がっていた。私は，そのジェスチャーを誇張して詳しく話すよう伝

えた。私は初めて，怒りと幾ばくかの潜在的な力を持つ若い男性が，部屋にいることを感じた。嫌悪感が怒りに変わっていくのがわかった。まだ，ごまかしや知性化，話のすり替えは多く，私はしばしば，槍漁師のように獲物を仕留めようとする感じがしていた。バランスを取るのは難しい。強く入りすぎると，平滑筋と解離性の防衛をもたらす。ソフトで慎重すぎると，直面する準備ができているという感情が回避され，古い症状が残り続ける可能性がある。

　リ・スパーキングは，引きこもった平滑筋の状態にあって解離している場合には起こり得ない。そのため，燃料補給のためにリセットすることが許される安全感が，決定的に重要である。しかし，真の活力（vitality）には，エネルギーや力，そして激しい怒り，あるいは活性化する可能性を押し殺してしまう悲嘆などの感情を，抑え込む必要がある。機が熟せば，このような防衛に挑み，潜在力や希望を解放し，情緒をリ・スパーキングすることが肝要である。これは，相手の神経系を読み取り，そこに囁きかけ，防衛を乗り越える勇気が必要な場面である。

　キーナンの場合，いじめられ，虐待され，卑しめられてきたため，その防衛は理にかなっていた。継父が現れたとき，彼は事実上，母親を失った。自分は愛されるに値しないと感じ，大人への信頼を失ったのである。多くの子どもと同様に，彼は自分を責め，大人ではなく，自分が悪いのだと感じた。また，継父のような虐待的な大人に対して，挑戦したり対峙したりすることがどれほど危険であるのか，彼は自身の経験を通じて知っていた。目立たず，低姿勢を保つことは奏功したが，そこには犠牲も伴った。

◆**防衛に挑む**◆

　あるとき，キーナンが継父について話していると，呼吸が速まり，足を動かし出した。これは横紋筋の緊張の証左である。そこで私は，継父に対する感情はどのようなものなのか，それは怒りではないのかと，勇気を持って尋ねてみた。彼がそうだと言うので，私はそのジェスチャーを誇張して表現してみることができるかどうか，そして何を表現したいのかを尋ねた。彼の即

座の反応は，典型的な「学習性無力感」そのものであった。つまり，そうするよりもむしろ，あまり騒ぎ立てないのがベストだ，と言ったのである。私が彼の怒りを受け入れ，聞くことができ，それを表現するのを助けてくれるなどとは，信じがたかったのである。最初，彼は感情をごまかし，自分の身に起こったことは「不公平だ」といった表現にとどまっていたが，さらに問うと，怒り，むしろ憤激といった真の感情に近づくことができた。

　よく見られるように，彼はより多くの自己主張をするようになり，自信を深めながらスパークを発達させ，変化の可能性に対して希望を抱くようになっていった。運動場では，「自分の地位を守りながら」も，物事に「甘んじる」ことなく，立ち向かうようになった。より堅固な存在感を持ち，あいまいにうまく立ち回る必要性は減っていった。このような変化は，黒人の若者には複雑な影響をおよぼす場合がある。白人の中産階級の少年にとっては勇敢な主張だと見なされる行動も，同じ年齢の黒人の少年の場合には，脅威や危険と（誤）解されうる。彼が成長し続けるためには，彼自身の勇気と私のサポートが必要であった。しかし，彼は明らかに安心感を抱いており，今や自分自身の人生があること，そして将来を感じることもできるようになっていた。もはや継父に怯えることもなくなった。継父よりも背が高くなり，本格的な筋トレを始めたり，ボクシングを習い始めたりしたことも，その助けになったのである！

　こうしたケースでは，すべての関係者に勇気が求められる。キーナンは，従順な笑顔や逃避的な仕草といった，防衛的な策略に取り組む必要があった。私たちは彼のセットポイントを押し広げ，アロスタシス[†2]を促した。彼は，胸を張り，立ち上がって自分の存在を示し，内に秘めた怒りや傷心を表現するのが難しかった。しかし，それこそがエネルギーを解放し，スパーキングを生み出し，生きている実感を与えるものである。キーナンは，閉じこもるのではなく人生に向かって開放されていった。新たなしなやかさと筋力を備え，危険信号が安全に変わると，以前は押し殺していた感情を感じる能力が

---

†2　（訳注）動的適応能とも呼ばれる。ストレスなどの外部環境に対して，生体を変動・調節することで，内部環境を安定させようとする生体機能。

著しく向上した。

　常に物事は悪くなり，喧嘩では必ず負け，誰もキーナンを好きにならないどころか魅力的にも思わない，といった先入観は問われ続けた。こうした変化や，以前には知ることも経験することもなかった感情を感じることで，吐き気やチック，背中の違和感などの心身症状はかなり軽減された。これは驚くほど一般的な事象である。こうした進展については，次章でより詳しく述べる，トラウマ後のシャットダウンから安全化，再設定，そして自信と力への再起動について描いたレイラとの旅路で，さらに明確になるだろう。

第5章 凍りついたトラウマから安全に向かう旅，そして本物のスパークへ
A JOURNEY FROM FROZEN TRAUMA TO SAFENESS AND THEN GENUINE SPARK

安全のための麻痺：レイラ

　本章は，レイラと彼女のトラウマからの回復の物語である。レイラは30代半ばの頃，不幸と絶望を感じて私のところにやってきた。彼女は幼少期に，里親を転々とする厳しい生活を送っていた。一貫した養育を受けることも，誰かのこころに留められることもなく，町から町，学校から学校を転々とし，ネグレクトやいじめを経験する子ども時代を過ごした。

　彼女は明らかに援助を必要としていたが，驚くなかれ，ほとんどの人に対してそうだったように，私に対しても不信感を抱いていた。恋愛経験もなく，友人もほとんどおらず，孤立した生活を送っていた。次々に，接着剤のようにくっつく親友はいたが，必然的に仲違いをし，次の友人に取って代わる。落ち着いているのだと勘違いしてしまいそうな，身体の締まりのなさが印象的だった。人に見られるのを避け，自分をさらけ出さず目立たないようにと，パーソナリティを発達させてきたため，セラピーは困難なものだった。

　幼い頃，レイラは不適切な男性たちにさらされ，おそらくは性的虐待を受けていたのだろうが，その記憶はなかった。彼女が極端に「ポシャ」っとした不動の姿勢をとるのは，この最初の性的虐待がきっかけだったのかもしれないが，他のトラウマティックな経験やネグレクトの経験から生じたのかもしれない。学校ではいじめを恐れて本にすがり，髪で顔をおおい，フードを頭からかぶって，校庭の隅に隠れていた。これは，トラウマに対する典型的な反応である。すべての哺乳類がそうであるように，人間も重大な危険が迫ると，生存の可能性を高めるために，「死んだふり」をしながらじっとするも

のである。

　何かと物議をかもす精神科医のレインは次のように書いている。「危険に満ちた世界では，見える可能性のある物体であることは，常に危険にさらされているということだ……そのような危険に対する明らかな防衛策は，自分を見えなくすることである」[*22]。もちろん，他者の目に触れることは潜在的な攻撃にさらされるということであり，学校の校庭は，レイラにとっては危険地帯だった。

　深刻なトラウマから数十年が経った今も，彼女は恐怖と絶え間のない危険信号の中にいる，悪夢のような世界を生きていた。彼女の静止を，リラックスしているのだと誤解する人もいるかもしれないが，これはよくある間違いである。明らかにストレスを感じているように見えないかぎり，「落ち着いている」あるいは「冷静だ」とすら誤解されうるのだが，ここにはある程度の真実がある。なぜなら，トラウマのあとの体温の低下は，よくあることだからである。シャットダウンのポイントは，単に見られないようにすることだけではなく，感じるのが難しいことを感じないようにすることでもある。彼女は自分の身体の静止，呼吸の浅さや顔の表情の無さには，ほとんど気がついていなかった。このような危険な反応は，かつては役に立ったが，今は情緒的に豊かな人生を送るのを妨げていた。レイラは安全化のリセットを強く望んでいた。

　このような状態からリ・スパークするには時間がかかる。警報信号がとても容易に発せられるため，慎重に作業を進める必要がある。レイラは当初，自分の身体がより安全であると感じ，かつ，発汗や緊張，冷たくなったり，恐怖でたじろいだりするなどの恐怖に関連する身体の反応に気づき，それを理解するために，神経系のささやき手を必要としていた。

　私が最初に注目したのは呼吸だった。より深く呼吸するように勧めるのではなく，まず呼吸がどのような感じなのかを尋ねた。「本当に感じられないの」と彼女は答えた。私は，胸に手を当てて，動きを感じてもらうことにし

[*22] Laing RD. *The Divided Self*. New York: Pantheon Books, 1969.

た。そして，呼吸を少し緩めたり深めたりしても大丈夫か，それはどんな感じかと尋ねた。そうしてみた彼女は，怖い感じがして緊張したと言った。深くゆったりとした呼吸をするには，世界は安全で直ちに危険はないという信頼が必要である。私は代わりに，とても緊張したように息を吸い，危険にさらされているように息を引き締めることを提案した。「怖がっているように息を止め，本当に息を止めることがどんな感じなのかを知ろう」と。そうしてみて彼女は，「自分がいかに窮屈な思いをしているのか，今まで気づいていなかったことに気づいた」と言った。彼女の目には，私が初めて見た涙がにじんでいた。

　これは，ゆっくり，少しずつ，より深い呼吸を試し，その感触を確かめ，そして十分に安心してコンフォートゾーンに戻ることができるようにするためのプロセスだった。よくあることだが，セッションでは，記憶，思考，そして感情があふれ出してくるため，慎重に進めていかなければならなかった。身体が習慣的に危険信号を発している場合，安全性（safeness）を信頼すると，しばしば危険を感じるものである。

　数週間後，今度は肩を広げ，お腹に息を吹き込み，胸（心臓）を開いてみるように伝えた。彼女の顔から涙が流れ落ちた。良い感情，自分を愛し，守ってくれた里親との時間を思い出していた。その優しい女性のイメージは，セルフ・コンパッションの象徴，そしてサポートを求めて立ち返ることのできる内なる声となり，この新たな安全化を信じるのを助けてくれた。希望に対してこころを開くのは，きっと気持ちの良いことだとわかってはいても，それに抗いたいと思い，再びなじみのあるところに引きこもってしまいたいという衝動に駆られる。私は，そんなほろ苦い感覚に襲われた。誰もがそうであるように，彼女もまた，必要なときに必要な防衛に戻ることができるのだと知る必要があった。

　職場の同僚から，あるいは私から，見られることや気づかれることがどのような感覚なのか，それが呼び起こす複雑な感情について，探求し始めた。たとえば，誰かに見られると貝のように素早く自分を閉じたり，不安な気持ちを抱えたときには強く息を吸い込んだりするというような，気づきのエピ

ソードをもってセッションにやって来るようになった。自分自身が神経系のささやき手になることで，自分が緊張していることに気がつく。そして，それが緊張を解き放つ可能性を開く。これはマインドフルネスが教えてくれることでもある。緊張を押しのけたり防衛したりする誘惑に従って行動するのではなく，そうした体験を許容し，そのためのスペースをつくり，より広々とした容器のような場所からそれを見て，抱えるようなことである。

　レイラとの最初の作業の多くは，このようなリセット，安全化，危険信号の軽減の援助，そして新たな安心感を信頼することにあった。周囲を見渡して安全だと感じ，緊張しなくなることはできるだろうか。誰かの目を見て，怖くならないだろうか。緊張している自分に気づき，たとえば呼吸を整えるなどして，自分で自分を助けることができるだろうか。レイラにとってのリ・スパーキングの最初の段階は，身体と神経系に関することだった。自分の存在，呼吸，身体の感覚の脈動，つまり，長い間，閉ざす必要があった，生き生きとした感覚を認めることだった。

　時には，自分をいじめていた女の子の記憶がよみがえることもあった。そのような記憶を探求することはしなかったが，生じてきたときには慎重に取り組んだ。しかし，トラウマや危険信号を再び引き起こすのではなく，トラウマに静かに近寄り，そっと寄り添い，そして安全な場所に戻る，そのプロセスを何度も繰り返すことである。安全性は，感情を処理し，代謝するための装置を構築するための土台となり，その後，再起動とスパークにつながり得るのである。

　レイラの控えめで精彩に欠けた，だらしのない体型は，より引き締まった筋肉質と健康的な緊張へと，形を変え始めた。ここには，性的な輝きの兆しも含まれていた。彼女の場合は，他の女性に対する自分の魅力を知り始めることだった。「じっとしていなければ危険だ」「撤退したほうが安全だ」という，それまでの信念が挑戦されることになった。これまでのやり方と並行して，新たなレパートリーを開拓していった。彼女の無気力さは，麻痺するような恐怖から来ていたが，今では少しずつ，やわらかくこころを開き，信頼をより感じることができるようになっていた。そして，それが今度は，生命，

熱，強さ，そして勇気を生み出し，実際に強力になりうるスパーク，エネルギーの流れを引き起こしていた。

◆力と横紋筋への移行◆

やがて，トリガーがあれば，彼女はそれに気づき，内的な安全感を育むことができるようになっていった。クッションやキャンドル，心地良いアロマややわらかい布地などを使って，自宅に安全な場所をつくった。不安なときには，呼吸法やソフトなヨガのポーズをとったり，心地良い毛布に包まれたり，また，落ち着いた音楽を聴いたりして，自分を落ち着かせることができるようになった。彼女は，自分自身の神経系のささやき手になっていったのである。

このようにリセットされ，新たな安心感を得たことで，私たちはより困難な感情にも目を向けることができるようになった。不器用さ，猫背や元気のなさはすべて，抑うつ的な絶望感の表れであり，危険は常に潜んでいて自分はそれに対して無力であるという，体現された信念だった。いじめなどの起こった出来事について考えようとすると，彼女はすぐに「もう過去のことだから」「ただのモンスターだと思う」といった理屈を並べ立てた。あるとき，新しい上司が明らかに彼女を不公平に扱ったが，彼女はそのことに気がつかないでいた。その上司に対してどう思うのかと尋ねると，「確かに私はミスをしたし，私はいつも間違うのよ」と答えた。さらに掘り下げると，彼女の身体，声，そして精神には，深い恥と自己卑下があった。

少しずつ，自分が自分にしていることとしていないことが見えてくるとともに，ライフ・ギバーが誕生し始めた。私は，彼女が私との間で自虐的な態度をとるときや，私が何か間違ったときに，どれだけ過剰に寛容なのかに注目するようになった。「ああ，でもそんなつもりじゃなかったんでしょう」と彼女は言う。彼女は「いい人」であることに多大な労力を使っていたが，それはあくまでもおべっか的な優しさだった。他者のことは「甘やかしておく」必要があり，そうでなければ傷つけられるかもしれなかった。

私は怒るということがどんな感じなのか，想像してみるように提案した。

第5章 凍りついたトラウマから安全に向かう旅,そして本物のスパークへ

怒りが受け入れられ,それでも相手は揺るがずに強く,反撃もしてこないときに感じる安心感を,彼女は味わったことがなかった。小児科医のドナルド・ウィニコットが遠い昔に教えてくれたように[*23],自分の怒りが相手に聞き入れられ,その相手が報復してくることなく生き延びることで,自分の感情は危険なものではないと知ることができる。それが,常に情緒的な地雷原を回避する必要のない,独立した自己の感覚につながる。これは活力であり,スパークであり,危険信号が高いときに見られるような閉鎖的なものではなく,つながりへの開放を促進するものである。

レイラは少しずつ,自分を主張することができるようになっていった。仕事では,上司に意見し,批判を「甘んじて受ける」ことが減っていった。私たちはロールプレイを行い,従順になるのではなく,自分を「主張する」「頭を高く掲げる」「相手の目を見つめる」のが,どのように感じられるのかを学び始めた。このことは,生活の他の領域にも反映され始めた。謝らなくなり,「お願いしてごめんなさい」「気にしないでください」などと言わなくなった。その代わりに,自分には人に何かを頼む権利があると,感じるようになった。私を含め,周りの人が怒るかもしれないという過剰な心配もなくなり,むしろより積極的になっていった。当初はレイラが自分の力をすべてあきらめてしまったかのようで,彼女のことを吹き飛ばしてしまうのではないかと感じていたものだが,今は違う!

彼女は直接私に挑戦することができるようにもなっていった。彼女は勇気を出して,自分が彼女ではなく「性別を特定しない代名詞(they)」で呼ばれたいと告げ,やがて,自分の性自認に対する私のサポートや理解の欠如に,腹を立てるようになった。ついに,私は自己主張が強く,辛辣で痛烈な彼女の一面を見たのである。私が彼女の怒りを抱え,報復するのではなく,その意味を理解しようとすることで,彼女は開花した。こうした新たな怒りの能力は,健全で外向きで,信念,情熱,そして希望のあるところから生まれているように思われた。

[*23] Winnicott DW. The use of an object and relating through identifications. In: *Playing and Reality*. New York: Basic Books, 1971.

身体も変化しているようだった。手足にはエネルギーがあり，頬は色づき，胸部は開き，頭を上げて自信と決意をもって動き，申し訳なさや遠慮はほぼ感じさせなくなっていた。私はこのことを指摘し，他に何か変わったことはないかと尋ねた。すると，ゆるやかな「陰」ヨガだけではなく，「戦士」のポーズを含む，よりアクティブなアシュタンガのクラスを始めているとのことであり，とても驚かされた。さらに，筋トレも始めていた。心身ともに筋肉がつき，見た目も生き生きとしてきた。街角では，特に魅力的な女性に注目されるのを，それなりに楽しむようになった。自分のレズビアンとしてのセクシュアリティへの自信を増し，デートをしたり，親密な関係を築いたりするための自分の力を信頼しようとすらしていた。自分はもう，押しに弱い人間ではないということを伝える，内なる強さの始まりを楽しんでいた。私は，彼女のライフ・ギバーがまさにオンラインで，彼女に力，熱意，そして希望を灯してくれているのだと信じて疑わなかった。
　ただ，これは一筋縄ではいかず，得るものには代償もつきものだった。自己主張をする勇気を持ち，怒りや憤りを感じ，古いパターンや先入観を変えなければならなかった。上司が自分よりも同僚を優遇したとき，私が「それで彼になんて言いたいの？」と尋ねると，「どっちにしても，彼はあまり親切ではなかったわ」と答える。私は「そう。でも，それはあなたの気持ちではないよね。彼がしたことについて，彼に対してどう感じてる？」と返すと，「まあ，今はもう慣れたわ」と言う。私はさらに「うーん，それも気持ちではないよね。歯を食いしばって拳は緊張しているようだけど，その顎や拳はどうしたいのだろう」と尋ねた。「べつに，何も」と，彼女は少し恥ずかしそうに言いながら，緊張を解き放とうとした。私は自分の拳を握り締めて力強く言った。「僕は本当に怒っているときには，こうするんだ。怒りを表現するのが役に立つこともあるんだよ」と。
　彼女は興味深そうな様子で深呼吸をした。彼女の初期設定の立場は従順であることである。怒りは悪，強引さは「いいこと」ではないと信じる，ある種の道徳的優越感がこれを正当化していた。しかし，これは大きな代償を伴うものだった。私は再び彼女に問いかけた。すると彼女は，促されるままに

頭を上げて，自分がどれほど怒っているのか，言葉にすることができた。目の前に上司がいると想像して，その気持ちを表現するように伝えると，彼女の身体のエネルギーが変化した。前屈みになり，真の力強さを見せた。怒りが表現されると，おそらくスパークのように，エネルギッシュに身体を上向きにする傾向がある。デ・スパークや抑うつの場合に身体が下がるのとは，対照的である。

その後，丁寧にデブリーフィングを行った。彼女の気持ちを聞いてみた。彼女は今，呼吸が深く，誇らしげで，確実に活気づいているように見えた。少しして涙が出てきた。安堵もあったが，自分を真剣に受け止めようとはせず，いつも苦しんでいたレイラに対する，真の悲しみと同情でもあった。

先に指摘したように，握り拳と顎は，エネルギーと緊張を感じ，表現する準備ができたことを知らせる「横紋」筋[†3]の，典型的な兆候だった。レイラは私が追い込みすぎると，その逆の生理的な状態，つまりエネルギーのない「平滑筋」の状態，たとえば胃けいれんやめまい，あるいは頭痛を起こすことがあった。怒りや動揺のような感情に耐えられなくなると，キーナンでも見たように，吐き気やIBS（過敏性腸症候群），あるいはめまいといった平滑筋の症状が現れることがある。

平滑筋の防衛は，自分のものにできない強い感情を避ける一つの方法だと考えることができる。本書の中心的な隠喩を用いると，抑圧された感情を許容し，感じ，そして表現するための充分なコンテイナーを発達させることで，私たちはより多くのエネルギー，スパーク，そして，閉じこもるのではなくつながる能力を発達させるのだと言える。レイラには，生命から遠ざかるのではなく，生命に向かう動き，より健康的な筋肉性，エネルギーの解放，そして真のスパーキングが見られた。このような忌々しいエネルギーの解放において，最も刺激的なことの一つは，多くの生理的な症状の変化である。心身症と呼ばれることが多いが，それが消えていく。怒りや憤りを表現でき，そうした感情を抑圧する必要がなくなることで，平滑筋の状態によく見られ

---

†3 （訳注）顕微鏡で見ると無数の横紋がある筋繊維からなる筋肉。四肢・体幹・顔などを動かす骨格筋および心臓壁の心筋がある〈『広辞苑』より〉。

る生理的な症状の減少が見られることは，調査・研究が明らかにしている[*24]。

時折，レイラは，より深刻なケースに見られる，認知的不協和と呼ばれる記憶喪失や，奇妙な思考，あるいは幻覚といった，より深い断片化に悩まされることがあった。このような場合，防衛への挑戦は最も不要なことである。そうではなく，私が当初したように，生理的，心理的安全を促進することで不安を軽減するよう，安定させることを優先するのが課題である。

レイラと共に，身体を基本にした，おだやかなマインドフルネスのエクササイズを行った。これは麻痺した状態から抜け出すのを助けた。リ・スパーキングを起こすには，絶対的に自分の身体が安全だと感じられる必要がある。充分な安全感があればこそ，横紋筋の信号がオンラインになる。そして，そのときにこそ，押しやられた感情に対する防衛に挑み，エネルギーと生命力を解放することができるのである。レイラが拳を握り，顎を引き締めたのは，横紋筋の緊張の典型的な兆候である。彼女が怒りに耐え，それを表現できるようになったことを示していた。だからこそ私たちは，神経系のささやき手になる必要があるのである。手がかりは身体にある。それを読み取り，心理だけではなく，生理的な変化を助ける必要があるのである。

まとめ

学習性無力感やある種のうつ病の場合，スパークや活力が欠如しているのは，希望の喪失と自分の可能性に対する悲観的なまでの信念の欠如のためである。メンディ，キーナン，レイラは皆，それぞれ異なってはいたが，こころの奥底に深い落胆を抱いてやって来た。セラピーを通して，彼らは自分の身体に戻り，外を向くようになった。ライフ・ギバーと積極的に関わり，生命から遠ざかるのではなく，そこに向かっていくようになった。そして，より幅広い情緒を受け入れることができるようになった。先入観や核となる信

[*24] Abbass A. *Reaching Through Resistance: Advanced Psychotherapy Techniques*. Kansas City, MO: Seven Leaves Press, 2015.

念に挑み，強さと活力（vitality）を身につけた。さらに，平滑筋の症状によく見られる，いわゆる心身症のような生理的な問題のほとんどが緩和されるという利点もあった。

　怒りは恐れられ，危険で恐しく，脅威とみなされうる。しかし，それは生命力である。アグレッションの語源はラテン語の aggresionem で，これは「向かっていく」という意味である。充実した人生を送るために，私たちは体験から離れるのではなく，体験に向かっていく。それがレジリエンスの特徴である。レジリエンスが高く，安全な幼児は，左前頭前野の活動が活発なパターンを示すが[*25]，これは他者や課題に対峙することと関連する。一方，より神経症的な人は，恐怖，不安，そして自信のなさのために，そこから遠ざかっていく。ライフ・ギバーとは，私たちを希望と信頼に満ちた経験へと向かわせる，内なる声や力なのである。

　これは，怒りや攻撃性だけの問題ではない。レイラは何時間も涙を流し，幼い頃の生活や奪われたものの喪失，家族との乏しい関係への悔悟について，深い痛みを経験した。このような「和らいだ」感情は，ある意味ではより深いものかもしれず，適切なタイミングと順序で表現されることで，最も健全なものになる。セラピーでは，悲しみや嘆き，そして痛みに，あまりに早く接近することで，最初に感じる必要のある怒りや力の経験を回避するための一種のショートカット，治療的な抜け道になってしまうことがある。強さ，力，そして自信がなければ，減衰が生命力を抑制し続けることになる。しかし，レイラに見られたように，それがあれば，真のスパークが起こりうるのである。

＊25　Davidson RJ. Affective style, psychopathology, and resilience: Brain mechanisms and plasticity. *The American Psychologist*, 2000, 55(11): 1196-1214.

第Ⅲ部

アン・スパーク：スパークすることのなかった人々
THE UNSPARKED: PEOPLE WHOSE SPARK NEVER DEVELOPED

第6章 ネグレクト：ネグレクトを受けた人の潜在力
NEGLECT: POTENTIALS NEGLECTED

感情を避けること

　私は9歳のときに，全寮制の学校に送られた。そこでは，同年代の子どもたちと共に，ただひたすら「やっていく」しかなく，塞ぎ込んだ気分になったり，親を恋しがったり，あるいは情緒的な理解やサポートを期待したりするような余裕などなかった。これが，私の個人的な経歴である。私たちの多くは，生存の助けとなる頑丈な防衛という外骨格を発達させる一方で，困窮した（needy）傷つきやすい自己を見つめることはなく，深く埋め込んでしまう。

　夜泣きをする少年はしばしば，弱くて女々しいとからかわれた。私たちは自身の痛みや絶望は，隠しておく必要があった。精神分析家のハーバート・ローゼンフェルド[*26]は，自己の要求がましく依存的な部分を見捨てて，それを軽蔑することで，自分自身や他者の脆弱さを憎むことになると記述した。私たちは泣いている少年たちに対してこのように反応し，自分自身とは区別しようとしていた。

　それが容認されない場合には，感情を払い除けるのが有用な戦略となる。幼い頃に，絶望，悲しみ，恐れ，あるいは脆弱さのような感情は，表に出すべきではないというメッセージが与えられれば，ほとんどの子どもはそれに従うだろう。結局のところ，自分が依存する人を無視するほどの余裕はない

[*26] Rosenfeld HA. *Impasse and Interpretation: Therapeutic and Anti-Therapeutic Factors in the Psycho-Analytic Treatment of Psychotic, Borderline, and Neurotic Patients.* Oxford: Routledge, 1987.

のである。そのような子どもは，自分自身の二本の足で立たなければならず，助けを求めるのは弱さの表れであり，感情を表現するのは馬鹿げたことだと思い込む。

　情緒的に遮断された人に対して私たちは，退屈さや欲求不満，興味の欠如といった感情を抱くかもしれない。このような感情は，温かく共感的で親切だと思われたい，私のようなセラピストにとっては認めがたく，恥ずかしくすらある。しかし，人間は共鳴的な種である。回避的なこころの状態にある人といると，自身の感情が鈍化し，思考に活気がなくなり，身体感覚が平板になるのに気がつく。思うにこのような共鳴は，彼らの皮膚の中で生きるとは如何なるものなのか，そのヒントを与えてくれるものである。

　私たちのほとんどは，鈍感で退屈な人間，つまり「面倒くさい（drag）」人間だと見られる可能性を嫌う。誰もがおそらく，一緒に過ごしても楽しくない人を知っているだろう。平板さを感じてしまうからである。意気消沈していたり，今現在良くない状況にあったりする人に対してもおそらく同じように感じるかもしれないが，これまでにほとんどスパークを経験したことがない人といるときには，なおさらそうである。幼い頃から，自分のこころや感情，そして内的世界に興味を示してもらうという経験をほとんど持ってこなかった人の場合，他者の関心を呼び起こすことはない。

　私たち，あるいは私たちに最も近くて親しい人が，少し平板化している場合には，リ・スパークを活性化できる可能性が高い。多少のデ・スパークにおいては，一般的に前述のステップが必要である。安全化，共感的コンテインメント，そして再起動である。最近，ある友人が，若干遠回しな形でお願い（plea）をしてきたのだが，私が応答しないでいると，彼は動揺した。実際のところ，私は彼のメールにあったサインに気がついていなかった。もし，他のことに気を取られていなかったならば，気づいていたかもしれない。次に彼に会った際，彼は引きこもって，届きにくくなっているように見えた。彼は傷ついていたのだが，これについて私は彼を咎めることはできない。私は，彼の感情に耳を傾け，彼の怒りを引き受け，扱うべきであること（包容力のあるコンテインメント），彼を動揺させた私のあり方を理解し，そのこと

を受け入れるべきであるとわかっていた。幸いなことに，このことで彼は安心感を得て，私たちの間のつながりはゆっくりと再構築されていった。その後，数時間にわたって，私たちは問題について話し合うことができ，両者とも徐々にリラックスしていった。最後には，自分たちの置かれた苦境や希望，そして心配事を共有し，彼も私も晴れやかになった。笑いながら冗談も言うことができるようになり，かつてのスパークを再発見することができたのである。

　もちろん，相手の立場に身を置き，共感する（共感〈empathy〉は文字どおり，「共に感じる〈feel with〉」ことを意味する）ことが肝心なのであり，早急に元気づけようとしたり，見せかけの前向きな解説（gloss）を添えたりするのではない。つまり，私の元セラピストが「糞に砂糖をかける」と呼んだようなことは，避けるべきである。それは決してうまくいかない。自分の立場に立って応じてくれ，話を聞いてくれたと感じると，安全を確保し（safening），つながり，リ・スパークが起こりうる。これから記述するルッカの事例のように，問題がより深刻なときには，こうした挑戦はよりいっそう複雑さを帯びる。

あるネグレクトの事例：ルッカ

　数十年前，私は当時6歳だったルッカと出会った。彼は想像を絶するほどのネグレクトを経験していた。チャウシェスク時代のルーマニアの孤児院から養子として引き取られた，最初期の集団の子どもの一人であった。当然のことながら，彼が3歳で養子に入った頃には，深くシャットダウンした状態が形成されていた。ルッカの新しい両親は，彼を温かく迎え入れようと奮闘した。両親には実子が一人いたが，養母はそれ以上子どもを産むことができなかった。また，トラウマを抱えたイギリスの家族から，マーシャという子どもも養子にしていた。彼らは実子をとても愛していたが，マーシャもこの家族から愛することを学び，陽気でエネルギーの塊のような子どもになっていた。より扱いやすく，オープンで，本当に興味深い子どもになっていた。

かつては自己主張がすぎ，愛情に飢え，要求がましかったが，少なくともスパークにあふれた様子で生きていた。

しかし，ルッカの場合はことが違っていた。家族は，彼に対して好意的ではなかった。彼は平板で表情がなく，自給自足的で隔絶した世界に住んでいるように見えた。際限なくパズルをしたり，おもちゃの車や粘土で遊んだりしたが，新しい親のことも他の人のことも，必要としているようには見えなかった。困ったことがあっても助けや慰めを求めようとはしないし，親のほうを振り返ることなく道に飛び出してもいく。分離後の再会のときにも，喜ぶ様子はなく，見知らぬ人に対するのと同じように反応する。

ルーマニアの孤児院と同様の，剥奪的な環境で育てられた多くの子どもと同じく，ルッカの生い立ちからは，自分のためには誰もいないという先入観や信念が発達していたのがわかる。彼はほとんど人との触れ合いのないなかに一人で置いておかれ，一日のほとんどの時間，孤立していた。おそらくは，自己慰撫，身体を揺らすこと，ぼんやりと空を見つめることなどによって，どうにかして自分を一つに保っていた。それは間違いなく，彼の感情や感覚を麻痺させるものだった。彼の体験は圧倒的な孤立であり，それがシャットダウンを導いていた。おそらく，愛情のある接触なしに，食べものや衣服を提供され，身体を洗ってくれることはあっても，助けとなる大人というものを経験したことはほとんどなかったのだろう。認められることも考えてもらうことも，果してや愛されることもなかっただろう。他者の思考と感情どころか，自分自身のそれを，ほとんど理解されなかっただろう。

養親にとっては，彼がほとんど見返りを与えてくれず，親が一般に得る満足感もほとんど受け取れずに，困難を極めていた。彼はたいてい，自分だけの世界にいるように見えた。初期の家族面接では，彼に意識を集中するのは難しく，きょうだいや親のほうに多くの注意を向けてしまっていた。彼はたやすく人のこころの外にこぼれ落ちた。通常の早期の互恵的で，相互に楽しめる交流の欠如，実際にはほとんどすべての相互作用の欠如から，当然のことながら，彼は社会的な合図にほとんど気づかずにいた。そして，人の目からはたやすくこぼれ落ちていた。

保育所や学校では一匹狼で，他の子どもにほとんど興味を示さなかった。他者に喜びを呼び起こさず，目的のない活動に何時間も費やし，他者に対する共感あるいは興味は最小限しか見せなかった。教室の後ろのほうで，誰からも気づかれることなく座っていられる，典型的な子どもだった。このような子どもは「大丈夫」に見えるし，悲しいことに，助けを求めたり他者に不安を呼び起こしたりすることもめったにない。

　ネグレクトを受けた子どもは，自分自身の内側に引きこもる傾向があるが，これはほかに選択の余地がないためである。目は虚ろで，身体にはエネルギーやスパークが欠け，身体を揺らすなどのしばしば自己慰撫的な方略によってやり過ごす。悲劇的なまでに，人と人との関わりを通した養育を期待しないことを学び，こころ（minds）とパーソナリティを育んでくれる媒介者の存在をあきらめている。子どもの心理療法士で自閉症のスペシャリストであるアン・アルヴァレズは，彼らは引きこもっている（withdrawn）というよりもむしろ，自分の一部がいまだ充分に活気づいていない，「引き出されない（undrawn）」[*27] 子どもとして記述した。私が出会ってきた多くの子どもも，「生命力（life-force）」や情熱，願望，興奮，あるいは希望が発達していないままであった。彼らは早期から，コルウィン・トレヴァーセン[*28] が「生きている仲間（live company）」と呼ぶものを欠き，感情豊かな思考や身体，そしてこころ（heart）を育むための助けを必要としている。そうでなければ，彼らは決して，他者にとっての，そして実際に自身にとっての生きている仲間になることはない。

◆平板さの共鳴◆

　大人でも子どもでも，ネグレクトを経験した人とのセラピーでは，恥ずか

---

*27　Alvarez A. *The Thinking Heart: Three Levels of Psychoanalytic Therapy with Disturbed Children*. Oxford: Routledge, 2012.

*28　Trevarthen C. Intrinsic motives for companionship in understanding: Their origin, development, and significance for infant mental health. *Infant Mental Health Journal*, 2001, *22*(1-2): 95-131.

しながら私は時に，自分の思考（mind）が逸れてしまうのを認めざるをえない。鈍重さや惰性，感情の欠如などに気がつくように充分な注意を払っていると，身体反応が必要なヒントを与えてくれる。たやすく私たちの思考からこぼれ落ちてしまう人とともに，心理的に生き残ることが課題である。調査・研究が示すように[*29]，ネグレクトを受けた人は，情緒的表出を理解する能力に乏しい。悲劇的なことに，彼らは人間的接触も喜びもほとんど経験せず，周りの人にも希望や愛情，あるいは楽しみを引き起こすことがめったにない。

受付からルッカの到着を告げられると，しばしば倦怠感に襲われるのを感じた。彼といると，いつもより強張り，足取りに活気がなくなる。このような子どもといると，さまざまなことを感じはするものの，どれもまったく望んではいないものである。無能感や抵抗感，自己嫌悪，うんざり感などを抱き，時には，自分が完全に間違った職に就いたのではないかと思ったりする。ルッカと過ごす時間はゆっくりと経過する。こういった子どもと過ごす際の毎分毎秒は，まるで永遠であるかのように感じられる。もしかすると，耐えがたいほどのゆっくりとした時間の経過は，ルッカが孤児院での生活で感じていたものかもしれず，それが彼が無感覚な儀式に没頭する理由かもしれない。しかし，ルッカに変化をもたらすためには，面接で用いるための生き生きとしたスパークを，自分自身の中に見出す必要がある。

ここで記述するようなネグレクトを受けた人はしばしば，叩かれたり，性的虐待を受けたり，暴力を目撃したりするなどのあからさまなトラウマを経験していないということは，強調しておくに値する。起こった悪いことよりもずっと重要なのは，起こらなかったこと，つまり作為よりもむしろ不作為であり，健康的な情緒的発達を育む良い経験を受け取れなかったことである。ルッカに会う前に感じる無気力と熱意の欠如は，トラウマを抱え，虐待を受け，攻撃的かつ反抗的になりうる子どもといるとき，あるいは，概して緊張して不安になるものの，情緒的にはそこに存在している人といるときの感じ方とは，とても異なる。神経系のささやきの一つ目のステップは，自分自身

[*29] Doretto V, Scivoletto S. Effects of early neglect experience on recognition and processing of facial expressions: A systematic review. *Brain Sciences*, 2018, *8*(1): 10.

の身体反応に気づくことである。それは，この世界に存在する他者の経験についての，極めて重要な情報を与えてくれる。ルッカの場合は，鈍重とスパークの欠如である。

　私が，それどころか他の誰かが，ルッカに共感あるいは情緒的関心を示そうと試みても，空虚感を抱かされる。彼は故意に無視しているわけではないのだが，親やきょうだい，そして教師など多くの人は，故意だと感じるに違いない。早期の体験から，彼に対して興味を抱くこころ（minds）を持つ人々の存在は，彼の予測する世界や先入観には含まれていない。私の言葉は，埃まみれで準備ができていない表面の上に塗りつけられた、絵の具のようなものだった。つまり，決して定着することはないのである。

　保育所でのルッカは，「いい子」「おとなしい」などと言われていたが，その説明はしばしば，気がかりな閉じこもりの様子とともに伝えられた。身体的には一般的な節目に達していた。しかし，ほとんど情緒的に他者を求めないために，ほぼ見返りも受け取れないという，ある種の無感覚状態を促進する反応の循環を引き起こしていた。

　教室での観察の際に見たのは，スタッフがより要求の強い子どもたちに注意を払う間，彼が一人で置き去りにされている様子だった。私たちはとりわけ，彼が早期に適切な注目を受けなかったために，非常にかすかで弱々しく，たやすく見逃してしまうような形でしか，相互作用を希求する合図を発せないのだという事実を，保育所のスタッフが理解できるよう支援した。

　家族面接では，彼と定期的に一対一で過ごす時間を取り，積極的に彼の遊びに沿ってコメントを投げかけてみたり，相互作用にいくらかのエネルギーや熱意を発見し，あるいは吹き込んでみたりするよう伝えた。きょうだいが注目のほとんどを自然に得ていたため，これはとても困難なことであった。短時間の相互交流をビデオに撮ってみるよう依頼し，それを一緒に見てみると，希望に満ちたサインを見つけることができた。ビデオでは，母親が一緒におもちゃで遊んでいるときには見えていなかったことに気がついた。ルッカは一瞬，間違いなく楽しそうな様子で，母親のほうを見上げていたのである。別の場面では，母親が立って部屋を離れてから戻ってくると，母親を見

上げ，身体がリラックスした。これは，彼が母親を必要とし，母親と一緒にいたいのだということを示す，小さな手がかりだった。このような手がかりは，母親に希望と耐える勇気を与えた。また，より必要とされ，求められ，母親らしいと感じさせるものだった。

　保育所のスタッフには，彼が殻の外に出ていくのを促すよう支援した。人とつながる彼の能力には驚かされた。家族面接では，より相互交流的なジェスチャーについてのヒント，願望ないし興味の表出などを誇張し，拡充した。本事例や他の類似した事例で私が用いるモデルは，盲目の赤ん坊と目の見える母親についての，セルマ・フライバーグの1960年代の重要な論文に由来する*30。当時，盲目の赤ん坊は，施設に入所していることが多く，身体揺らしや自己慰撫のために，相互作用を求めない自閉症の子どもと混同されることがあった。フライバーグはたやすく見過ごされがちなサインを指摘し，母親が盲目の赤ん坊を対人関係の世界へと引き入れられるよう支援した。母親の声に反応して顔が輝くことはなくても，小さなつま先の小刻みな動きや手のジェスチャーは，赤ん坊にとって母親が重要だということの明確な表明だった。このことは，よりいっそう交流するための希望を母親に与え，赤ん坊もそれに反応してより活発になっていった。さらに重要なことは，世話をすることで，母親がより多くの満足感を得られるようになったことであった。

　これは，ルッカの親に対して私たちが用いた方法である。今や，彼らは変革の物語とともに，クリニックにやってくるようになった。あるとき，彼が初めて小さな絵を描いた際，母親はそれを見せてほしいと頼んだ。彼が母親にそれを見せると，母親は感激し，いかにうれしいのかを示した。数日後，彼はまた絵を描き，母親の近くへとにじり寄ってきた。その際，母親は彼が新しい絵を自分に見せようとしていることに気がついた。積極的な注目を楽しみ，それを期待し始め，そして楽しいと感じてもらうことを楽しめる男の子が，そこに存在していた。ほどなくして彼らは，花や飛行機など，お互い

---

*30　Fraiberg S. Blind infants and their mothers: An examination of the sign system. In: Lewis M, Rosenblum LA, editors. *The Effect of the Infant on Its Caregiver*. Oxford: Wiley, 1974.

に物事への注目を促すという楽しみを共有することができるようになった。これは重要な発達的節目の一例，すなわち間主観性である。

　私たちは彼の親が神経系のささやき手になること，たとえば，脚が軽く揺れたり拳を握り締めたりするなどの，一見単なる生理学的なジェスチャーを，「わあ，そのかわいくて大きなワンちゃんのことを，心配しているようね」「わあ！　大きくてうるさい音だったね」といった，情緒的な言葉に翻訳していくよう支援した。自分の感情を理解されたことで彼は安堵し，それがおだやかさと興味を導いた。この一連の流れは，恐怖とつながりへの萎縮から安全感を，そしてこのリセットがのちの興味や好奇心，そしてまさにライフ・ギバーをも含む再起動を導いていった。

　このように，身体的信号を読み取り，その重要性を学ぶ能力は，情緒的発達にとって極めて重要である。心臓がドキドキしているのなら，それは不安あるいは興奮を意味するのかもしれない。その違いは学ぶことができるが，まず，自分の心臓がドキドキしていることと，そしてそれが意味を有しているかもしれないことを認識するのを学ばなければならない。私がアン・スパークな状態と呼ぶ多くの人は，自身の情緒的信号を読み取ったり，それに反応したりできるような身体的な気づきから，切り離されているのである。

　ルッカや彼と似たような人は，多動性や行動化を示す子どもとは異なり，「減衰」システムを持つ。危機や暴力を被るのなら，警戒状態をとり，対象の表情のサインを読み取り，防御行動の準備をする必要がある。一方，一人で放置されたなら，最早期の学びや先入観は，他者に多くを期待する意味がほとんどないものになる。ルッカのように無反応で，こちらが報いを得られないような子どもになったのは，早期に，考えるにはあまりにも痛みを伴うような方法で生きのびるしかなかった，非常に剥奪的な環境のためなのだということは，容易に忘れられてしまう。

◆**スパークするルッカ**◆

　ルッカのような人といると，実際のところ「何かをしているふり」をして，興味を持っているように見せかけるのは，簡単なことである。私と出会う前，

ルッカが，人生には「何かをしているふり」以外の何かが存在するかもしれないと感じていたかどうか，確信が持てない。時々，彼はとても長い時間，ボールを弾ませるなどの退屈で自己慰撫的な活動にふけった。私は，これは何の助けにもならないと悟り，たとえばより対人関係的なものにするために，積極的に介入した。ジャンプしてボールに手を伸ばし，弾ませてみせるのだが，これは孤独な自己慰撫的活動を相互関係的な二者のゲームへと置き換える，つまり次は彼の番だという合図だった。あるいは，彼がこれまでに何度も描いていて私にとっては退屈なロボットの絵を描くと，私は遊び感覚で，そこに私自身のマークをつけてみた。彼は少しイライラし，戸惑った様子で私を見つめた。私は彼を見つめ返してから，そのページを見て，彼も参加するように手招きをした。彼は，私のマークに対して彼自身のマークで反応し，相互の交替ごっこと類似したことが展開していった。これはもちろん，ドナルド・ウィニコットの「スクイグル」技法から学んだ方法である[*31]。ずっと以前に，ウィニコットが子どもの患者に対して大いなる成果を残したものである。これはルッカを，唯我論的な世界から人間の情緒的接触へと引き入れる手段になった。

　深刻な分離体験を持つ子どもの遊びにしばしば見られるような，「かくれんぼ」や「いないいないばあ」などのゲームが，家庭でもセラピーでもゆっくりと展開していった。当初はただ微笑み，時々笑うだけだったのが，見つけてもらい，注目されるのを予期し，求め，もっと言えば要求して，最後には喜びを伴った甲高い声を上げるようになった。ドナルド・ウィニコットは，かつて以下のように述べた。「隠れるのは喜びだが，見つけてもらえないのは大惨事だ」[*32]。ついにルッカは，積極的に探してもらえるようになり，見つけてもらうのを本当に楽しみ，そして自分もまた，探したり見つけたりするようになった。これは，主体性，スパーク，そしてライフ・ギバーの成長の始

＊31　Winnicott DW. *Playing and Reality*. New York: Basic Books, 1971.

＊32　Winnicott DW. Communicating and not communicating leading to a study of certain opposites. In: *The Maturational Processes and the Facilitating Environment*. London: Karnac, 1990.

まりである。早期の危機と，温かい養育の欠如のためにシャットダウンしていた彼のシステムに，スパークを引き起こすつながりの形成を可能にするような再起動が起きたかのようだった。

　ルッカのような人は，楽しみや興奮，生き生きとした感じや喜びといった，肯定的な情緒をほとんど知らない。彼らの先入観には，楽しい相互作用という信念は含まれていない。このような引き出されない子どもは，波長の合った（attuned），遊びごころに満ちた相互作用から，成長する主体性と自信を発達させてきていない。乳児期の調査・研究は，紐を引っ張って物音を立てたり，叫んで母親を招き寄せたりするなど，いかに赤ん坊が物事を生じさせることをこころから楽しむのかを記述している[*33]。すべてがうまくいくと，赤ん坊はその始まりから社会生活への積極的な参加者になる。ルッカのようにネグレクトを受けた子どもは，自身の主体性という，この種の楽しい感覚を発達させることがほぼない。このような人生への熱意，つまり私たちの探索システムは[*34]，安全だと感じてはじめてスパークする。そして，ルッカのように，楽しみを求め，探求し，そしてより「社交的」な生き方というライフ・ギバーの出現を目の当たりにするのである。

　人生に何かしらの興味が発達するためには，誰かに興味を持ってもらわなければならないが，それは一般に，ネグレクトを受けた子どもには欠けている。ルッカがわずかながらでも微笑み，楽しそうなときにも，私はその感情に，「おやおや，それ，楽しいね」などと応じようと試みた。これは，生命のかすかなサインに気がつくということなのだが，相手が死んだような状態にいるならば，困難なことである。私は，自分が長年にわたって無視し続けてきたサインがあるのではないかということが気がかりなのである。このような小さな生命のサインが増幅されると，活気に満ちた対人関係のやり取りを積み上げることができるようになる。ルッカの場合，最終的には，お互いに

---

*33　Music G. Nurturing Children: From Trauma to Growth Using Attachment Theory, Psychoanalysis and Neurobiology. Oxford: Routledge, 2019.

*34　Panksepp J, Biven L. *The Archaeology of Mind: Neuroevolutionary Origins of Human Emotion*. New York: Norton, 2012.

楽しみ，より活発でオープンになっていった。

　彼は一年のうちに著しく変化したが，そうなると保育所で問題を起こし，親はいたずらがすぎると，心配すらするほどだった！　以前は誰にも気づかれることのなかったこの男の子は，注目を得ることを期待し，それを要求すらし，きょうだいとはライバルになり，無視されるとやかましくした。そして間違いなく，自分には欲求があり，それを表現することができることをわかっている人物になった。紹介されてきたときには，親はルッカを養子にしたのは大きな間違いだったと感じていた。当初の彼は確かに，好意や愛情，楽しみを引き出さなかったが，今では親はルッカに対して深い愛情と情熱を感じており，彼を手放すつもりはまったくなくなっている。

　ルッカとのセラピーは，彼が幼く，育むことのできる多くの発達的潜在力を有していたために，他の多くの事例よりもたやすくはあった。とはいえ，この物語は，いとも簡単に異なる結末を迎えていたかもしれない。無感覚な状態から浮上し始めていた，元気でスパーキーなこの小さな男の子は，人生を豊かにしてくれるリ・スパーキングの旅を，確実に経験し損なっていたかもしれないのである。

◆ルッカの発達についての解説◆

　のびやかに生きていくための，健康なスパーキングが可能になるような条件を経験していない人がいる。ルッカのように，ネグレクト的な孤児院で弱り切り，愛情やアチューンメント，あるいは情緒的理解の体験が欠けていると，引きこもるほかはなく，より情緒的に活性化されなくなる。人間的な相互作用，世話，そして愛情を求めて生まれてきた乳児が，人間的接触がほとんどない状況に放置されうるなど，あまりにも痛ましく想像を絶する。ルッカのような子どもは極端な例ではあるが，長年にわたって私は，同様に最悪な境遇から養子になった多くの子どもと会ってきた。

　しかし，私たちは皆，このような内向性の，より軽度のバージョンは目の当たりにしている。最高に幸せで，最善の養育を受けている赤ん坊でさえ，たとえば，親が一時的にでも引きこもると，不安を感じたり閉じこもったり

しうる。そうすると，身体はしばしば無秩序な状態になり，一点を凝視して，どんよりとしたあきらめの状態に陥るかもしれない。たいていの人がそうであるように，すぐに回復はするが，それは，以前そこにあったスパークを再び見つけるからである。ネグレクトの状態が継続し，立ち返ることのできる具体的な良い経験の記憶を欠いた状態にある乳児や子どもの場合は，このかぎりではない。

　極度のネグレクトの例から始めたが，同様の教訓は，私たちの多くの中にある，鈍化してあきらめた状態にも応用できる。ルッカのように非常にデ・スパークしている人は，適切なインプットがあれば，「温められ」，より活発になり，そしてスパークし始める。これは，私たち皆にできることである。影響を与え，痕跡を残すことが可能なのだと信じるためには，援助を要する。動揺に対しては同情を見せ，ニコニコとした微笑みに対してはにっこりと微笑んで応じたりするなどの反応を得ることで，幸運な乳児が自分が影響を与える存在なのだということを学ぶのと同じである。特に，以前にいくらかのスパークが存在していたならば，たいてい，興味や主体性，そして楽しむことを，再び呼び覚ますための手段を見つけることができる。

　このような状態に必要なことも，同様である。第一に，自分自身と自分が経験していることを，理解される必要がある。ただ元気づけようと励ますだけでは，決してうまくはいかない。ルッカのように，理解されていると感じることで，他者とのつながりの感覚や安全感が生じる。このような安全化とリセットのあとで，気分の変化，スパークの焚きつけ，そしてライフ・ギバーが前面に出現するのを目の当たりにする。

　感情を開くよう援助するためには，精密に調整されたレーダー，つまり潜在的な生のかすかなスパークを拾い上げることのできる，神経系システムのセンサーが必要である。ルッカの場合，彼が母親を求めているのを示していることに私が気づいたときに，これが生じた。このことに母親は涙した。私がこれまでに出会ってきた人々は皆，まず安全だと感じる必要があったが，その次には自分のコンフォートゾーンの外側へと「安全に」押し出してもらう必要もあった。最後には，ルッカはやかましく注目を要求するまでになっ

たが，これは，心理療法が始まったときには，彼がその存在すら知ることのなかったことである。かくれんぼでは飛び出してきたし，無視されると叫んだ。どうすれば要求するものを得られるのかを，知ったのである。増大するエネルギーに伴って，筋力は増し，締まりのない様子は減り，生命と活力で脈動するという身体的な変化が見られた。彼は，愛すべきいたずらっ子になるために，援助を必要としていたのだ。

　成功しないと，そのリスクは壊滅的なものとなりうる。ネグレクトであれ，母親のうつ状態後の引きこもりのようにより軽度の性質のものであれ，初期の麻痺状態は*35，探索や感情移入を減少させ，より受身的で引きこもった状態を導き，認知機能がより劣ってしまう。ネグレクトは死に至るものなのである。時には，明白なトラウマよりも良くない経過をたどる，より静かな致命傷である。精神分析家のクリストファー・ボラスが「規範的（normotic）」と呼ぶ，心理的に「生まれていない」，情緒を欠いた状態である*36。こうした人々がしばしば苦労する感情は，痛みや動揺ではなく，興奮，喜び，楽しみ，願望などの肯定的なものである。

　ネグレクトのような初期の剥奪は，子どもの心理療法士のジアナ・ヘンリーが「二重の剥奪」*37と呼ぶ状態を導きうる。悲劇的な第二の剥奪は，利用可能な思いやりやケアを認識できないことである。困難ではあるが，非常に重要なのは，たとえば子どもなら教室のうしろで気づかれずに座っていたり，大人なら壁の花のように見落とされたりするネグレクトの状態に対して，情熱を見出すことである。もちろん，私たち自身の，鈍化して生命のない部分も。デ・スパークはとても容易に見過ごされる。気づいてもらえなかった人が要求するようになったり，少しいたずらになったりすると，私はいつも希望に満ちた感じを抱く。私は，自分が本当に内気な少年で，どれだけ活力

---

*35　Field T, Healy B, Goldstein S, Perry S, Bendell D, Schanberg S, et al. Infants of depressed mothers show "depressed" behavior even with non-depressed adults. *Child Development*, 1988: 1569-1579.

*36　Bollas C. *The Shadow of the Object: Psychoanalysis of the Unthought Known*. London: Free Association Books, 1987.

*37　Henry G. Doubly deprived. *Journal of Child Psychotherapy*, 1974 Oct 1, *3*(4): 15-28.

を必要としていたのかをわかっている。私の引きこもり状態に気づいて，見捨てずにいてくれた数少ない教師や友人に，生涯，感謝する。私は，活性化することの恐怖も，それが生じたときのスリルに満ちたヒリヒリとした興奮もよく知っている。

　事がうまく運ぶと，こころ（minds），特に幼い子どものこころは，波長の合った情緒的に繊細なケアに対応して形成され，育まれる。赤ん坊は，私たちの誰もがそうであるように，自分が愛され楽しんでもらっていると感じ，また，困難な感情を理解してもらう必要がある。自分を理解してくれる人の「こころに抱えられている」と感じると，世界は非常に異なったものに感じられる。ルッカの平板でアン・スパークな状態は，適切な相互関係の経験の不足から生じていた。これは，理想的には早期の数秒，数分，数時間，数日，数週間，数カ月，そして幼少期の数年をかけて，徐々に築かれていくものである。私たちは皆，コルウィン・トレヴァーセンが「意味を見出す仲間」[*38]と呼ぶものを必要としている。それは，この世界で私たちが安全で楽しくいられるのを助けてくれる，共感的で好奇心を持った，自分とは別の誰かのことである。ルッカは幸運にも，意味を見出す新たな仲間に反応するには十分に若く，時とともに意味を見出す内的な仲間へと，そしてライフ・ギバーへと，変容していったのである。

---

*38　Trevarthen C. Intrinsic motives for companionship in understanding: Their origin, development, and significance for infant mental health. Infant Mental Health Journal, 2001, 22(1-2): 95-131.

第7章 生気を喪失した状態からのリ・スパーク
RESPARKING FROM DEADNESS

意欲を削がれ，削ぐ状態

　スパークの欠如は，理解可能な理由があって生じる。たとえば，誰かに裏切られたときに感じる落胆や落ち込みのようなことを通じて，このことを知っている人は多いだろう。これは，長期にわたり，良い経験をごくわずかしか得られなかった人には，多大な悪影響をもたらす。未成熟な脳は驚くほど柔軟で，生まれたばかりの人間は，生まれ出たどのような環境に対してもうまく順応する。ルッカが過ごしていた剥奪的な児童養護施設のように，他者の情緒を読み取るようなことが役に立たない環境では，愛情のこもった交流を受けた子どもや，暴力にさらされた子どもに見られるのとは，異なる脳経路を発達させる[28]。たとえば，怒った顔の写真を見せられると，一般的に情緒の中核を担う脳回路である扁桃体の反応が，ネグレクトを受けた子どもは他の子どもに比べて遅い。一方で，暴力にさらされてきた子どもは，同じ脳領域がより素早く反応する[39]。これは理にかなっている。というのも，暴力を経験し続けるような状態にあれば，警告のサインを認識したり，迅速に反応したりするのは極めて重要だからである。その一方で，ベビーベッドに独りで置いておかれると，そのような危険について心配する理由はほぼない。

　ネグレクトでは，情緒を認識する脳回路がほとんど活性化されない。自身の感情や思考に触れていないような人と交流しようとする意欲は，低くなる

---

[39] Olsavsky AK, Telzer EH, Shapiro M, Humphreys KL, Flannery J, Goff B, et al. Indiscriminate amygdala response to mothers and strangers after early maternal deprivation. *Biological Psychiatry*, 2013, 74(11): 853-860.

ものだろう。これは意図せずとも，その鈍麻した心理的状態に共鳴し，何らかの影響を受けるためかもしれない。実際，調査・研究者は，回避的で遮断的な会話を聞くだけで，聞き手はその後しばらくの間，あまり情緒に触れない状態となり，社会的にも回避的な状態に陥ることを発見している[*40]。これは説得力のある研究結果である。

　私たちの誰もが，アン・スパークのみならず，他者をデ・スパークさせることがある。意欲を削がれ，かつ，他者の意欲をも削ぐ状態である。私のキャリアの中では，そのような意欲喪失的な状況に置かれた人を前にして，情緒的に生き残って存在し続け，希望や共感，情熱を見出すのは，最も困難なことの一つである。

─── 情緒的遮断状態を越えてリ・スパークすること
　　　：ローズマリー ───────────

　ローズマリーとのセラピーの最初の数カ月間，強い倦怠感を抱いていたが，それは恐怖感，腹部の締め付け感，呼吸の浅さ，活力の欠如といったものであった。これは，彼女の生育歴と照らし合わせると，理にかなうものだった。現在30代の彼女は，6歳のときに，妹がショッキングな状況で車に轢かれて亡くなるのを目撃していた。両親は彼女に責任の一端を押し付け，自分たち自身もまた，極度の罪悪感に苛まれていた。

　両親はともに抑うつ的になった。母親には自殺願望が出現し，断続的な入院が必要になった。父親は仕事に没頭し，アヘン依存に陥った。妹の死後，ローズマリーは，健康に育つために必要な共感的ケアや愛情のある関心，あるいは生き生きとした励ましを得ることができなかった。両親は過保護になった。友人からは引き離され，外出することをほとんど許されず，課外活動も禁止。学校を頻繁に休ませられ，母親の情緒的な支えとして家にいるこ

[*40] Krause AL, Borchardt V, Li M, van Tol M-J, Demenescu LR, Strauss B, et al. Dismissing attachment characteristics dynamically modulate brain networks subserving social aversion. *Frontiers in Human Neuroscience*, 2016 Mar 9, *10*: online.

とが多かった。私たちが出会った頃には，彼女の生活は非常に制限されたものであった。一人暮らしで，退屈な事務職員として勤務し，真の友人はおらず，ほとんどの時間を引きこもりがちに，半ば無感覚な状態で過ごしていた。彼女は以前にもセラピストのもとを訪れた経験はあったものの，彼女自身かセラピストのどちらかが，すぐに断念してしまっていた。

　当初，ローズマリーの肌の蒼白さと，身体にほとんど生気がないことに驚かされた。私が目を疑ったその蒼白さは，それまでの情緒的なシャットダウンの経歴に加え，太陽光や身体的な活動不足のために，より深刻なものになっているように思われた。悲劇があったとき，そしてそれ以降も，両親はローズマリーの感情に寄り添うことができず，彼女や自分たち自身が抱えていた恐ろしい感情に向き合うことができなかった。彼女が前を向いて進み，生き生きとした一人の人間になるためには，妹の死を哀悼するための支援を受ける必要があった。彼女はもちろん，人生を歩んでいくことに対する罪悪感を抱いていたが，希望や喜び，楽しみなどを抱いたり，将来像を思い描いたりする際に暗い気分になるのは，サバイバーズ・ギルトのよく知られた症状である。彼女はあたかもタイムワープに遭遇したかのように，未解決の罪悪感，悲嘆，トラウマに縛られて動けなくなっていたのである。

　私の部屋では，彼女は椅子の中に姿を消し，ネズミのようにほとんど無言でじっと座っており，促されると時折，単調な様子で話すのみであった。私は穏やかに，興味，関心，共感を示し，安心感を醸成しようと試みた。非常にまれにだが，彼女が目を合わせてくれることがあった。言葉数は少なかった。時にはただだ固まって，ほとんど手の届かない状態に引きこもることもあったが，それはほぼカタトニア的な状態で，私のことを凝視しながらも反応は返さない状態だった。彼女が闇の中に滑り落ちて手の届かない状態に陥らないように，私は極めて慎重にならねばならないと感じていた。

　私はこのような引きこもり状態を恐れ始めた。それが始まりそうな予感がすると，戦慄で身震いするのを感じた。ある日，これが起こりかけているのを見て，私は自然に，いつになく切羽詰まった調子で，「ダメだよ」と叫んだ。この絶望的なまでの警告は，ローズマリーを今ここに引き戻すのには充

分で，実質的に私と生気をもってつながることにも効果があった。彼女は両親とは異なる誰かによって，より満たされた人生を生きる能力を信頼してもらい，ともに感情を経験して消化してもらい，そして救いの手を差し伸べ，凍りついた暗い穴から引っ張り出してもらうのを必要としていた。そういった荒涼とした穴から彼女を積極的に引き上げる必要のある場面は，何度もあった。

　つながりを求めるのだという私の決意が，ローズマリーが長い時間をかけて成長していくのを可能にしたと信じている。彼女は，不慮の事故のあと地下に潜り込み，その後，デ・スパークな状態，消えたままになっている火のような状態になってしまっていた。しかし，彼女のパーソナリティの層には，アン・スパークな部分もあった。なぜなら，彼女は潜在能力を完全に開花させるのを可能にする，愛情深く世話を焼き，相互に報われる関係を持っていなかったからである。

　妹の死と過保護な養育によって，彼女は引きこもった半解離状態になり，そこで行き詰まっていた。この行き詰まりは，細胞の危険反応を思わせるものであった。ローズマリーは戦う必要があり，「再生される」[*41]必要があった。アン・アルヴァレズが言うように，彼女を積極的に生へと戻す必要があったのである。私の積極的なアプローチは蘇生の試みであり，安心感を知り，信頼し，最終的には健康なスパーキングを取り戻すために必要な前提条件だった。彼女が陥っていた，考えられない状態に対する共感と，関係性が彼女を生へと戻すことができるという希望とのバランスをとるのは，一苦労であった。暗く，息苦しい彼女の溝に，どれだけ深くまで入り込むべきか，そしてどれだけ外に留まって彼女を光の中に引き寄せるべきかを，試行錯誤する必要があった。

◆つながりの中へとスパークすること◆

　ローズマリーを人間関係の中へと呼び戻すことが，まさに面接の始まりで

[*41]　Alvarez A. *Live Company*. London: Routledge, 1992.

あった。彼女は情緒表現を許容することができない親の元で育った人に共通の，「不活化された」パーソナリティの特徴を多く有していた。これは，面接の障壁になった。しばしば私は，少しぼんやりとするような感覚を抱いた。実際，私は彼女がセラピーにやってき続けたことに驚いた。彼女が表立って述べていた主訴は，虚無感を抱いているということだった。そう感じていたということは，少なくとも彼女は何か具合が悪いということを認識しているのだという希望を私にもたらした。

　ローズマリーは痩せ細っていて，寡黙でよそよそしく，身体は抑制されていた。肌には生気がなく，筋肉は弛緩し，目は輝きを失っていた。彼女の目の周りの筋肉，情緒的生活の中核をなす経路を活性化させる，重要な腹側迷走神経と連絡する眼輪筋[*42]は，生気を失っていた――これはしばしば，悪い兆候である――礼儀正しいにもかかわらず，彼女の態度は，私の気遣いに対してしばしば微妙に素っ気ないところがあった。彼女を悩ませ続けているかもしれない何か，それは仕事上の問題かもしれないが，それについて考えようと試みても，彼女はたいてい肩をすくめるか，時折「とにかくうまく付き合っていくしかないから」というようなことを言ったものだった。これは，彼女が両親から受け取った非共感的なメッセージの代表的なものだったのかもしれない。

　彼女は毎回，控えめな笑顔でセッションを始め，私が会話を始めるのをあてにし，沈黙が続いた。この一週間の様子について尋ねると，彼女は淡々といくつかの出来事を列挙する。状況を打開しようと試みても受け流されるように感じたが，それは彼女が，伝えることは何もないと断言するためだった。私はもっと強引になることにした。「さあ，ローズマリー，もっと話せるはずだよ。あなたのことを聞きたいんだよ，信じてくれないかもしれないけれど」と。彼女はこの言葉に反応し，曲がりなりにも私を見て，時には微笑むこともあった。

　幼いときに彼女は，感情について話すことはせず，避けたままにしておく

[*42] Porges SW. *The Polyvagal Theory: Neurophysiological Foundations of Emotions, Attachment, Communication, and Self-Regulation.* New York: Norton, 2011.

のが最善なのだと学んでいた。私は，セラピーというこの見知らぬ世界に足を踏み入れることが，いかに困難なことなのかに注目し，「今みたいな感じでここに座っていると，どんなふうに感じるの？」と尋ねた。彼女は何も言わず，困惑した表情を浮かべた。私は声に出して，「緊張している，心配している，怒っている，恥ずかしいと感じているかもしれない。どれかが当たっているなら親指を立てて，違うなら下げて」と言ってみた。彼女が笑ったので，私は「じゃあ，やってみよう」と言った。そして私たちはこのゲームをしたのだが，彼女は私の興味を楽しんでいるようで，自分自身に対してもさらに興味を抱くようになっていった。

　別のセッションで，またしても彼女が回避的に「大丈夫」だと言ったので，私は「世界が終わろうとしているときでも，大丈夫だと言うの？」と示唆した。彼女は笑ったが，彼女の笑いは遊んだりつながったりするうえでの希望に満ちた兆候であり，頬にも血色が戻っていた。相互作用における偽りのないこのような接触は，リセットとリ・スパークの基盤となりうるつながりを構築するものとなった。信頼，安心感，人間関係，他者から向けられる興味に対する信頼を育むことが，この段階での私の目標だった。長い期間，トラウマについての話題を切り出すのは避けた。それは，この段階では酷なことであり，早すぎただろうからである。この時点では，彼女はつらい記憶を消化するための装備をほとんど持っていなかった。実際，時期尚早にそういった記憶について話したり直面したりすることで，彼女をシャットダウンした世界へと送り返すことになる可能性があった。

◆安全化から哀悼へ◆

　セラピーは効果を発揮し始めていた。私はローズマリーに，身体感覚について尋ねるようになった。たとえば，息を止めているときやあごを少し緊張させているとき，足で蹴ったりしているときには，何かを伝えているのかもしれないということに気づいてもらおうとした。これらは，神経系のささやきの初期段階であった。「つらいと感じても驚かないよ。これまであなたは感情を抱かない人生を送ってきたよね。あなたの家族にとってはつらい，いろ

いろな感情を置いておく小部屋があったってことに僕は気づいているし，その感情はよそ者みたいで，迷惑で邪魔なものだったんだよね」と私は言った。彼女は安堵した様子でため息をついた。顔には悲しみが浮かんでいた。

　質問に対する典型的で回避的な返事のあと，私はできるかぎりの気持ちを込めて，「僕があなたに興味を持っているなんて，本当に信じられないんでしょう？」と言った。彼女の顔を情緒が駆け抜けた。琴線に触れたのだ。私は重ねて，「感情はちょっとした異国のようなものかもしれないね。特に，自分の感情が私や他の誰かにとって重要で，興味深いものだという考えは」と言った。彼女は私を見て，視線を逸らした。自分のコンフォートゾーンから抜け出したのだ。私は再度，悲しみや本当の感情の仄(ほの)かな兆候について指摘した。

　このような悲しみの瞬間があったからこそ，私たちは彼女の妹の死を消化するための，苦痛に満ちた作業によりいっそう取り組むことができるようになった。ショック，戦慄，痛み，信じられない気持ちを乗り越え始めることが可能になったのである。また，両親が彼女に必要な感情的な支えを提供するのがどれほど困難であったのかを理解するという，つらい現実にも直面しなければならなかった。やがて彼女は，思い出すことのできる数少ない妹の愛らしさを嘆き悲しみ，成長の途上で経験すべきだった妹の喪失を悼むことができるようになった。

　ローズマリーは，私が彼女のためにそこにいることを，ゆっくりと信じ始めた。それは解凍のプロセスのようだった。緩みとやわらかさが増してきた。氷に覆われたような防衛の下には，激しい痛みからなる多重の層が存在していた。信頼が確立されると，彼女は，痛みを経験して消化することも充分に安全だと感じられるようになった。多くのセッションは苦痛で落涙することに費やされたが，これは希望に満ちたものだった。彼女には，違う人生を送ることができたかもしれないし，今なお変えられる可能性があるという考えが育っていった。

◆ライフ・ギバーの出現◆

　このような作業を数カ月続けたあと，何かが変わった。あたかも，彼女のライフ・ギバーが出現するのに充分なリセットが行われたようであった。彼女は，自分の人生を変えたいこと，ほとんど自分に自信が持てなかったために友人を作ることができなかったこと，他者は自分に興味を持っているようには思えなかったことなどを伝えてきた。不安そうな様子で，男性は誰も自分のことを好きになってはくれないように思うのだと打ち明けた。私は，ただ動揺しているだけではなく，彼女がよりいっそう何かを欲するようになったことに注意を払った。

　その後の数週間で，さらなる変化を目の当たりにした。彼女は到着するとすぐに，私の目をのぞき見た。私が探りを入れたり興味を示したりしたりすると，仕事での悩み事などについて話すことができるようになった。彼女がより深く息を吸ったり，ため息をついたりするのは，感情を感じていることを示す横紋筋の緊張の兆候であり，彼女がアクセス可能な感情を持っていることを示していた。彼女は職場で同僚から飲み会に誘われると，いつもその場に根を張るかのように麻痺してしまうのだと話した。何週間かあとに，彼女は勇気を出して一緒に行きたいと言った。拒否されることを予期していたが，むしろ彼女は歓迎された。先入観に対して健全に取り組み，それが覆されたのである。

　彼女は自分自身の強迫傾向，たとえば，すべてのものを過度に整頓した状態にしておく必要があること——自分自身を一つにまとめるためにルーティンを用いるのは，シャットダウン状態の人には珍しいことではない——などについても話すことができるようになった。私は整理されていない感情も含めて，それが散らかってしまうことへの彼女の恐怖心について話題にした。彼女の母親もまた，散らかった状態をひどく嫌っていた。彼女がティッシュを床に落とすと，すぐにそれを拾い上げるのだった。私がもっと意図的に落とすよう提案すると，すぐに，ティッシュ，紙，ペンを部屋中に投げるゲームが始まった。破壊的でも攻撃的でもなかったが，私には，彼女が時には少

し攻撃的になるのに役立つと感じられた。彼女は主体感覚を感じること，少し大胆になること，子どもらしい遊びごころを持つこと，そして生き生きと感じることを学んでいた。実際，彼女はスパークし始めていた。

　数カ月後，彼女はダンスに行きたいと言い出し，家で音楽に合わせて踊り始めたと話した。内気で恥ずかしそうに見えたが，私はそれは本当に素晴らしいことだと思うと伝えた。私は，内気な幼児に感情表出を促すパパになったように感じ，私に見せてみないかと尋ねた。彼女はぎこちなかったが，筋肉のみなぎりや，呼吸の速さ，血の通った顔色などの兆候がそこにはあった。そのすべてが，希望に満ちた活力と横紋筋の緊張のサインだった。私は何の音楽に合わせて踊るのが好きなのかを尋ねた。彼女が答えてくれたので，私はそれを彼女のスマートフォンで再生してみるように促した。彼女が音楽をかけると，私はそれを鑑賞しながら，わざと少し不器用な様子で自分の肩と頭を動かしてみた。そうすると彼女は笑い，私たちは二人とも笑顔になった。彼女も加わって，私たちは楽しい時間を過ごした。何より重要なのは，彼女が，私が彼女といて楽しいということを楽しんでいたことであり，これは幼少期のローズマリーにはひどく欠けた経験であった。

◆過去のコンフォートゾーンを越えて◆

　多くのセラピーは，痛み，悲しみ，不安を処理することに関するものであり，これはローズマリーにも当てはまったが，彼女はまた，人生には喜び，楽しみ，互恵的な楽しみがあることを学ぶ必要もあった。

　エイミー・カディの仕事が私たちに教えてくれるように，「うまくやり遂げるために，できるふりをする」ことが，時には役に立つ。新しいジェスチャーを試すと，気分や他者からの見られ方を変えることができる。カディは，女性が「パワーポーズ」と呼ばれる姿勢を取ると，より強力に感じ，結果として真剣に受け止められるのだと提案する[43]。調査・研究は，開かれた態度とは対照的な萎縮した態度を取ることが，抑うつ的な感情と自己肯定感

---

[43] Cuddy A. *Presence: Bringing Your Boldest Self to Your Biggest Challenges.* London: Hachette, 2015.

の低下に関連する*44 ことを示しているが，これは熱意（zest）とは正反対のものである。

　有名な精神分析家の一人であるマイケル・バリントは，いつも自分自身を見限っている優秀な女性患者について記述している。彼女は聡明だったものの試験には失敗し，活発で社交的だったものの関係性を維持することができなかった。彼女は，しっかりと地に足をつけてまっすぐに立つことを身につけていた。そして，自分の願いとは裏腹に，これまで一度も宙返りができたことがないのだと言った。バリントの有名な返答は「今は？」であった。すると彼女は立ち上がり，部屋の中で宙返りをしてみせた。バリントはこれを「新たな始まり」と表現し，「彼女の情緒的，社会的，職業的生活に多くの変化が生じ，すべてがより自由で柔軟な方向に進んだ」*45 と述べている。同様のことをローズマリーにも目の当たりにした。彼女は柔和な装いだけではなく，ちょっとしたワイルドなこころをも徐々に発達させていたのだ！

　面接の終結までには，私は彼女に好感を抱き，気にかけるようにもなっていた。セッションで退屈を感じることも，ほとんどなくなっていた。彼女の存在が消えたかのように思うこともめったになくなり，そう見えたときにも，彼女をたやすく，今，ここに引き戻すことができた。彼女は，自分の痛みと絶望に耐えられる人と一緒にいるという，新たな経験を得たのである。また，彼女といることを楽しみ，彼女の情緒状態に興味を持つことができる人と一緒にいるという経験も得た。彼女は現在，感情的に生き生きとし，相互交流に参加し，明らかにスパーク，生命力，そして初発のライフ・ギバーを持っている。

　ローズマリーは二重苦を味わっていた。そのトラウマは，退避，解離性の麻痺，デ・スパークな状態，消えかけた生命の灯火，希望が粉砕されて死ん

---

*44　Elkjær E, Mikkelsen MB, Michalak J, Mennin DS, O' Toole MS. Expansive and contractive postures and movement: A systematic review and meta-analysis of the effect of motor displays on affective and behavioral responses. *Perspectives on Psychological Science*, 2020 Jun 22: online.

*45　Balint M. *The Basic Fault: Therapeutic Aspects of Regression*. London: Tavistock, 1968.

だような状態を引き起こしていた。加えて，情緒的に生きた状態になるための生来的な潜在能力は，理解されないこと，興味を持ってもらえないこと，楽しんでもらえないことなどが原因で阻まれていた。その結果，彼女は引きこもっていたが，これはより拒絶的で回避的なアタッチメントスタイルを持つ人に，一般的なことである。このような人は，他者に接近するよりもむしろ回避する傾向があり，情緒的な刺激にはあまり喚起されない傾向を示唆するような脳活動を示す[*46]。

最終的にローズマリーは，身体により多くのトーンと生気を取り戻し始めた。魅力的に見え始め，彼女自身も驚いたことに，周囲の称賛も得るようになった。彼女は今，経験に向かって進むことができ，避けることなく，丈夫な背骨と，やわらかくよりオープンで，さらにはワイルドなこころを持ち，期待や先入観も変わっていった。

ローズマリーの進展は，一般的なパターンに沿ったものだった。私は，彼女が過ごしていた無意味で無感覚な世界に気づき，動員できるかぎりの包容力をもって，それをコンテインしながら，彼女とともに耐える必要があった。彼女の場合には普段よりも強引になることで，彼女に届き，彼女に出会うのを確実にしなければならなかった。彼女がやわらかくなるのを許容できるように，また，私に対して，そして自分自身の感情と情緒の世界に興味を抱くようになるために，充分に安全で信頼できると感じてもらう必要があった。そのあとにのみ，喪の作業を始めることが可能だったのである。ある種のリセットのようだと私が考えるその過程のあとに，食欲，欲動，希望，スパーク，そして楽しみを，再起動したり刺激したりするのが可能になったのである。

[*46] Kungl MT, Leyh R, Spangler G. Attachment representations and brain asymmetry during the processing of autobiographical emotional memories in late adolescence. *Frontiers in Human Neuroscience*, 2016, *10*: online.

第8章 スペクトラムと保護的な殻
SPECTRUMS AND PROTECTIVE SHELLS

危険なスペクトラム

　自閉スペクトラム症（ASD）と記述されることの多い自閉的な子どもが，本書で描く人々と似た特徴を示すことがある。トラウマを抱えた子どものように，大きな音に容易に圧倒され，過剰な感覚刺激にさらされると引きこもる。そして，数を数える，回転する，揺れる，または手をひらひらさせるといった，反復的で嗜癖的な活動に退避する。実際には，彼らは危険信号に対して遮断状態になっているのである。最初に細胞危険反応について記述したロバート・ナヴィオは[47]，新たな調査・研究において，体内の細胞危険信号をオフにする薬が，自閉スペクトラムの人の多くの症状を緩和することができるという興味深い発見をした。同様に，感覚に圧倒されるのではなく，感覚を管理するのを助けるような介入，たとえば感覚統合療法は，彼らが安全を感じ，より生活を容易にするのを支援することができる。儀式的な行動，手をひらひらさせること，そして反復的な活動は，しばしばある種の恐怖から自分自身を保つ方法であり，脅威の経験を遮断する手段である。もちろん，我々の誰もがよりマイルドな形でこのようなことを行っている。私の場合は，たとえば幼少期には，紐を吸ったり，反復的なゲームをしたり，歩きながら歩数を数えたりしていた。

　薄い皮膚を持つ人にも同様のものが見られるが，トラウマを抱えた人にも

---

[47] Naviaux RK. Perspective: Cell danger response biology—The new science that connects environmental health with mitochondria and the rising tide of chronic illness. Mitochondrion, 2020, 51: 40–45.

よく見られる。複雑な情緒的経験を消化するための，充分に包容力のあるコンテイナーを内在化していない場合，大きな声や予期せぬ状況といった脅威的な刺激の引き金が引かれると，圧倒されてしまう。そして，シャットダウンすることで，そうした刺激を防ぐのが一般的である。自閉的な子どもに対する心理療法のパイオニアであるフランセス・タスティン[*48]は，多くのスペクトラムの子どもたちが，耐えるにはあまりにも過酷な感覚から自分自身を守るために，彼女が保護的な殻と呼んだもの——外骨格あるいは硬い甲羅と表現する人もいる——を発達させると示唆した。これらの理解可能な反応は，防衛的な麻痺の一形態であり，電気回路が暴走状態へと陥ってしまう危険性があるときに，ヒューズが飛ぶようなものである。

スペクトラム上にいる大人や子どもといると，私は時に，ネグレクトを経験した人との面接時に体験するのと同じような疲労感や，正気やスパークしている感覚の低さに似た倦怠感を抱く。この現象についてもまた，科学がいくらか意味を与えてくれる。定型発達の人の多くが，人間の顔を見ているときには無生物を見ているときとは異なる脳の部位を用いる一方で，スペクトラム上にいる人の多くは，顔と物体を見るいずれの場合にも類似した脳回路を用いる[*49]。換言すれば，このような人たちは，時として人を物のように見たり扱ったりすることがあるということである。無情であるとか意図的にそうしているというわけではなく，ただそのように脳が配線されているのである。これは，誰かに社会的な合図を理解してもらい，思考や欲求，動機に関心を持ってもらいたいと望む人にとっては，容易なことではない。

ASDと定型発達的資質の併存

アン・アルヴァレズは自閉スペクトラムの子どものパーソナリティの非-自閉的部分を特定し，育てていくことを提言している。ここには，自閉症

[*48] Tustin F. *Autistic States in Children*. London: Tavistock, 1992.
[*49] Griffin JW, Bauer R, Scherf KS. A quantitative meta-analysis of face recognition deficits in autism: 40 years of research. *Psychological Bulletin*, 2020, *147*(3): 268-292.

をより健康な定型発達的な状態と対比して，病理として捉えてしまう危険性が孕まれている。これは助けにはならないし，多くのスペクトラム上にいる人の才能や，彼らと一緒にいることの興味深さを過小評価することにもなる。しかし，私の経験では，スペクトラム上にいる多くの人々は定型発達的な世界に困惑し，そこに参加する方法を学びたいと思っている。したがって，このことについて考えるうえでより安全な方法は，神経多様性を築き上げようとする試みである。ここには，私たちが尊重すべき自閉的な資質と並んで，非-自閉的な定型発達的な可能性を見出し，育むことも含まれる。

たとえば，唯我論的に引きこもっている状態で，回転したり手をひらひらさせたりしている自閉症の子どもは，回転を穏やかなゲームに変えることで，対人世界に引き戻されることがある。

ある自閉スペクトラムの子どもマーヴィンは，しばしば自分の手をひらひらさせていた。私が彼に近づき，穏やかに目を合わせ，深呼吸をして短時間彼の手に触れ，「君を守るよ」と伝えると，手のひらひらを止めることができた。束の間の安心感が，彼の危険信号を弱め，和らぎと私とのつながりを可能にしたのである。

児童養護施設出身のまた別の子どもは，前かがみになって身体を揺らすという状態に引きこもっていた。彼の反対側に座り，同じようなリズムで穏やかに身体を揺らしていると，そのうち彼はこのことに気づき，私がそうするのを許容し，また，それが気に入っているようにも見えた。私たちはその状況をゲームに変化させた。彼が身体を揺らしながら，そのペースを変化させると，私は彼のリズムとペースを真似してみせる。実際，人間同士の身体的同調性は，脳と心拍の同調性と関連しており，人と一緒に過ごすことを心地良く感じさせるものである。次に，私が先導してペースを落としてみると，今度は彼がそれについてくる。それは楽しい活動になり，つながりや生命をスパークさせた。彼の身体の揺れ動きは，感覚の過負荷を管理するための防衛的で唯我論的な手段から，安全を提供し，彼が能動的に交流し，共に楽しい時間を過ごすことさえできる，他者との共同対人関係的活動へと変化したのである。私たちは一般的に，これと同じような一連の流れを目の当たりに

する。まずは，安全化とつながりを発達させなければならず，その後，主体性を獲得するための種蒔きであるリセットを提供する。そして，それによって，ライフ・ギバーがスパークする可能性を，ともに切り開くのである。

　自閉スペクトラムの人が，アン・スパークの最も明らかな代表例というわけではない。実際には，非常に多様な自閉症が存在するため，それ自体がカテゴリーとしてほとんど成立しない。ある人が言ったように，「一人の自閉症の人を見たら，その人だけを見たことになる！」のである。しかし，スペクトラム上にいる多くの人には，他のアン・スパークな人々との類似点があり，本書に示す価値のある考え方をより広範囲に適用するための有益な例となりえる。一方，デ・スパーキングは，つながりを遮断し，脅威を防衛する手段であり，これは子どもにも大人にもよく見られるものである。

　スペクトラム上にいる一部の人も含めた多くの人にとって，この世界に存在するという体験は圧倒的なものであり，それを防衛するために，多様な手段を発達させる。フランセス・タスティンは，多くの自閉的な子どもがおもちゃの車や石などの硬い物を持ち歩き，それをしっかりと握っていることを指摘した。こうしたものにしがみつくのは，何らかの象徴的な意味があるからではなく，そのような物が身体感覚のまとまった状態を与えてくれ，未統合な感覚から一時的なやすらぎを提供してくれるからである。

　このことの中核には，ある種の恐怖──「永遠に落下し続け」たり，「液状化」したりするのではないかという恐れがある[*50]。身体を揺らしたり，手をひらひらさせたり，自分自身を撫でたり，硬い物を持ったり，あるいはパズルをしたりするなどの行動の多くは，圧倒されたり危険にさらされたりする状況を回避するために用いられる。これらの防衛を手放すのを可能にするのは，共感的なつながりによる情緒的安全性である。

　私たちの多くは，このカテゴリーに分類されるような習慣を持っているか，持っていたことがある。それは，強迫的な整理整頓や，すべてを順序正しく揃えることかもしれない。私のことを知る人の多くは，間違いなく，私の強

---

*50　Tustin F. *Autistic States in Children*. London: Tavistock, 1992.

迫的な規則正しさが唯一の儀式であればよいと思っているだろうが，残念ながらそうではない。私は他にも諸々の迷惑な儀式を持っているのだ！　自閉症に対する私の関心は，私自身の幼少期の圧倒されるような体験に端を発している。9歳の私が，寄宿学校で孤立して奇妙な行動をとっていた当時，安全化や，思いやりのある親切で理解ある大人との交流をどれほど必要としていたのか，今では理解できる。時折，私たちは誰しも，過剰な感覚を管理するために，無感覚な停止状態やデ・スパーク状態になるという機制を用いる。しかし，私たちは，こうした境遇から抜け出すための援助を必要としている。さもなければ，豊かな人間関係や楽しい経験に満ちた人生を送る可能性に，深刻な影響を受けることになる。

アン・スパークと未着火状態：ミケル

　8歳のミケルは，間違いなくアン・スパークな状態にあり，また他者にとってもアン・スパークだったが，彼を明確なカテゴリーに分類するのは困難であった。彼は数えきれないほどのアセスメントや検査，スキャンを受けていたが，小児科医や精神科医，その他多くの専門家にとって，彼は依然として謎のままであった。最終的には自閉スペクトラムと診断された。それが正しいのかどうかはわからないが，彼のことを理解し，医療的支援を受けるための一つの方法であった可能性はある。彼は見るからに奇妙で，頭は身体とつながっていないようであった。奇妙な動きをし，ほとんど足を引きずり，しばしば奇怪な身振りをし，視線を合わせず，私たちの多くにとって価値ある対人的な世界ではなく，自分の頭の中だけで生きているように見えた。

　彼は2人兄弟の弟であった。兄はとても不幸な赤ん坊で，絶え間なく泣き叫び，なだめるのも困難であった。ミケルは予定日より6週間早く生まれ，私がしばしば懸念を抱くレッテルである「良い子」だと言われていた。最初の子育てに苦労した両親にとって，静かな赤ん坊を持つのは大きな安堵だったのではないかと想像する。だが，結果的に，彼はほとんど人と交流しなかった。誰一人として，彼の乳児期の実際の記憶を持っていないという事実

は，私の心配を増大させた。私は，彼がこれまでに一度も，きちんと考えてもらうことがなかったのだろうと感じた。彼には聴力の問題もあり，両親や他者の言っていることを理解するのに苦労しただろう。また，その不十分な聴力のために，おそらくある種のくぐもった世界に置き去りにされていた可能性があった。聴覚の問題は，4歳になってようやく治療に至ったが，そのときまでにこの問題は，彼に甚大な影響を与えていたことであろう。

　両親は，彼が生まれた直後に離婚していた。母親は活発で忙しく，結婚生活を終わらせたがっていた。父親はITエンジニアで，非常に論理的な人だった。自分の頭の中だけで生活しており，人と関わるのが困難だった。脆弱で，神経質かつ内気で，潜在的な精神疾患を有していた。そして，離婚後に精神的破綻をきたした。ミケルの父方祖父は祖国で殺害され，ミケルの父親はその遺体を目撃していた。その背景には深刻なトラウマが存在していたものの，そのことについて語られることは一度もなかった。

　ミケルが幼少期に受けた衝撃について想像してみよう。人間の生存に必要な発達を遂げるよりも前に，何週間も時期尚早に生まれ出たために，保育器に入ることになった。愛あるケアの代わりに，眩しい光，絶え間ない看護師の交代，脚や腕には針，こころをかき乱されるような雑音を経験しただろう。安心感を抱くことのできるようなものは，いっさい経験しなかったかもしれない。本来は，親との接触や親の肌の感触，体温，心拍，呼吸によって調整され，声，匂い，母親の乳房になだめてもらう体験をし，愛情によって効果的に落ち着かせてもらうべきだった。彼のこころがそのことを感知できるようになるずっと前から，彼は安心感を深める信号ではなく，危険信号を経験していたのである。危険信号は，閉じ込めと遮断を引き起こす。ミケルは感情を切り離し，内に閉じこもり，空間を見つめ，自分自身を撫で，揺れ動くことで，自分を慰める必要があった。

　彼は一人，置き去りにされていたのである。母親は抑うつ的で，彼の誕生を後悔していた。父親は自らを遮断し，絶望していた。彼は，赤ん坊が成長していくために必要なもの，つまり愛のある交流，彼の存在に対する輝いた眼差し，前言語的な遊びごころに満ちたやり取り，微笑みかけたり微笑みか

けられたり，一緒に笑ったりすることなどを経験し損なった。結果として，彼は社会生活に参入するための一連のツールを身につけることができなかったのである。保育所や学校では，他の子どもたちとほとんど交流しなかった。彼にできたのは，せいぜい注意を引くために迷惑な叫び声を上げたり，奇妙なことをしたりすることだった。

◆リ・スパークの作業◆

　ミケルと一緒にいるのは容易ではなかった。彼にはさまざまな儀式，すなわち，奇妙なジェスチャーや手を擦り合わせること，足を叩くこと，身体を揺らすこと，喉を鳴らすようなうなり声をあげること，そして私自身の個人的な経験からわずかながら共感できる，服を吸うという自己慰撫的な行動があった。着ている服はいつもサイズが合っていないようで，ズボンは短く，脚はぶらぶらしており，シャツはだらしなく乱れていた。このような様子には，彼のとても短い人生が詰め込まれているようでもあり，私は彼とのセッションにおじけづいていた。

　彼の声は間延びしていて理解しづらく，ゆっくりでぎこちなかった。一人の乳児として話しかけられたり，話を聞いてもらったりしたことがなかったことを考えれば，これは驚くことではない。彼には，自分の思考に注意を向けたり，関心を払ったりしてくれる聞き手が存在するという，前概念がなかったのだ。さらに，聴力の問題から，声や他の音への応答が妨げられていた。想像力豊かに遊ぶことはなく，反復的な活動に耽っていた。私は彼の関心を惹いたり，興味を示してみたり，積極的に働きかけてみたり，彼のこころや感情，あるいは彼が何を経験しているのかを考えようと，最善を尽くした。生き生きとし続けるために，あきらめないために，そして希望に満ちた瞬間を迎えるために，懸命に取り組んだ。彼のわずかな微笑みがほんの少しでも本物だと感じられると，私はそれを増幅させようとした。あるいは，彼がささやかながらも何かに興味を示したときには，私は彼のそのジェスチャーに喜びを示そうとした。これには努力が必要だったのだが，私は間違いなく，そんなふりをしていたのだ！

数カ月後，驚いたことに，彼がゲームのように見える何かを演じ始めたのを覚えている。店があった。彼の間延びした声から解読したところ，彼は店主で，私は彼がテーブルに並べたものを買うことになっていた。それは未発達で生気がなく，関心を向け続けるのが困難なものであった。私が彼のお店に足を運ぶと，しばしばそこには買えるものが何も置かれておらず，私は苛立ちを覚えた。彼は，電話の呼び出しに応じるふりをするようにと要求したまま，何も言わずに私を放置した。私は，彼の乳児のときの待ちぼうけや静寂，無応答を，そして，関心や波長の合った相互的な注意がこころを形成し，その成長につながるはずであった場所のなさを，体験していたのではないだろうか。

　私は，彼の経験について想像したことや，静寂や予測不能性に直面させられるのがどれほど気力を奪われることなのかを，声に出して話してみた。時が経つにつれて彼は，私の内省や，彼が持っていたかもしれないが，意識的に知っていたわけではないであろう感情を整理しようとする私の試みに，関心を示すようになった。彼は明らかにこうしたことを気に入り，しばらくすると，『ゴドーを待ちながら』[*51]のような絶望的な感情を抱かせることを，積極的に楽しむようになった。彼は，私が整理した経験に目を向け，彼について話したり振り返ったりしたことに関心を抱くようになっていった。それは，彼がよりいっそう現実感を抱いたり，理解されたと感じたり，よりいっそうコンテインされたと感じるための一助になった。

　ある日，彼は木の絵を描いたが，それにはまったく根がなく，浮いているようであった。これは，彼がいかに中核も，実質も，奥行きもないような体験世界の中にいるのかを表しているのだと思った。たいていの場合，私は気力を喪失させられるような感覚を抱いていたが，それはある種，私自身がぼんやりとしてくるような，自分が何も事態を進展させることができないのではないかという，恐怖のような感覚であった。セッションでは毎回，彼は何も変わらず，反復的で興味を惹かれなかった。私は，彼を理解するために，

＊51　Beckett S. *Waiting for Godot: Tragicomedy in 2 Acts*. New York: Grove Press, 1954.

そして心理的に生き生きとし続けるために，努力をした。

　やがて，いくらかの進展が見られた。彼の遊びには，信頼できない多くのキャラクターが登場するようになった。たとえば，私は警官や顧客を信頼するように言われるが，私はだまされており，彼らは詐欺師であったことを告げられる場面があった。それは，彼が見せた初めての，象徴的で想像的な遊びだった。今にして振り返ってみると，当時の私はこのことに喜びを感じていたのかもしれないが，実際には，沼地を歩いているかのようなこころ持ちになっていた。

　時折，希望に満ちた進展も目の当たりにした。私は，彼が経験したかもしれないことを想像しながら，そのときの感情状態について，大きな声で語りかけてみた。たとえば「だまされるなんてめちゃくちゃだし，もう最低の気分だよ」などと言ってみる。そして，そのあとに，「だまされて僕はめちゃくちゃ怒ってるし，そんなの不公平じゃないか」と言いながら，机をバンと叩いた。すると彼は顔を上げた。それはあたかも，人が怒る可能性があるのだというアイディアや，誰かが経験したり，表現したり，名づけたりすることのできる感情が存在するというアイディアに，関心を示しているかのようであった。怒りは，ミケルのような子どもにとっては，希望に満ちた感情である。何かより良いものに対する信念を示唆するからである。ここには欲望や主体性，さらにはライフ・ギバーのスパークの，かすかな兆候が存在していた。

　彼はまた，時計を逆さまにひっくり返すことで，セッションを終えたくないということを示すこともあった！　そこで，彼の準備が整う前に私がセッションを終わらせようとすることに対して，どれほど彼が動揺させられるのかについて，私は怒ったふりをして話すことができた。彼の感情を表現するために，私は力強く言った。「それは不公平だよ，ミュージック先生。僕はセッションを終わらせようとしてる先生に怒ってるよ」と。彼は私の目を見て微笑んだが，それは喜びに満ちたものだった。やがて，彼は来談して最初に私を見たときにも微笑むようになり，およそスキップでもするような足取りで，多少は熱心にセッションに向かうようになった。しかし，正直なとこ

ろ，私はほとんどこうした変化に気づいていなかった。驚いたことに，約 8 カ月後，学校から彼がより良くなっているとの報告を受けた。彼は服を噛むのをやめ，他の子どもたちとより交流するようになり，加えて成績も向上していた。私はびっくり仰天した。私には，この変化が信用できるものかどうか，わからなかった。こうした変化は疑わしいようにも感じられたが，おそらくそれは，彼の信頼感や希望の欠如を，私が経験していたからかもしれない。

　ミケルは非常に早期から，自分の世界に引きこもっていた。早産と，一人で放置されるという状況は，聴力の問題と，さらに親が仲違いをして子育てにほとんど関心を持たず，兄に多くの注意を向けていたことで，より複雑になっていた。乳児は「偶発性探知器（contingency detectors）」とも記述されるように，何が効果を持つのかを見極め，親が笑顔や泣き声にどう反応するのかをうかがう。反応が得られない場合，人を寄せつけず内に向かい，早期にあきらめてしまうことがよくある。このように内向きになるのは，特に早産の乳児に共通している。乳児が安心感を得，和らぎ，人を回避するのではなく向かっていこうとし，対人関係の世界から引きこもるのではなく，より柔軟な態度で希望に開かれるのを促進するのは，お互いに見つめ合うこと，顔の模倣，言葉や身ぶりによるリズミカルなやり取りといった，情緒的につながる経験である。

　悲しいかな，ミケルが私とともに過ごす時間は，おそらく彼に対して誰かが本当に波長を合わせようと試みた，初めての時間だった。私がしたことや，教師や親にしてみるように勧めたことが，最終的に実を結んだ。ローズマリーのように，彼は生き生きとした状態に呼び戻される必要，あるいは生き生きとした状態に初めて引き入れられる必要があった。アン・アルヴァレズが示唆したように，内に引きこもった人は，複雑な心理学的理解を必要とはしていない。むしろそのような人々は，「おーい」や，「見て，ここに生命があるよ。あなたにもあるのよ。参加することもできるよ」といった言葉かけを必要としている。ミケルは，私たちも皆，時折そうであるように，積極的な「おーい」や，多くのおとぎ話のキャラクターを眠りから覚ます伝説のキスの

ような，生き生きとした状態に呼び戻されることを間違いなく必要としていた。

　ミケルは今後も，ちょっとした奇妙さを持ち続けるのではないかと想像するが，よりいっそう他の男の子と同じような様子になっていった。より自分の身体の中に存在しているように見え，衣服も常に身体に合ったものになり，真っ直ぐ歩き，前を見るようになり，アイコンタクトを保持するようにもなった。そして初めて，学校で友達ができた。予後は不確かなものではあったが，彼は別人のようになり，本当に好感の持てる男の子へと成長したのである。

第 IV 部

ミス・スパーキング：
誤った種類のスパーキング

MIS-SPARKING:
THE WRONG KIND OF SPARKING

第9章 欲望と依存的な興奮の落とし穴
DESIRE, AND ADDICTIVE BUZZ TRAPS

最初の欲望

　出生直後，母親のお腹の上に乗せられると，新生児はゆっくりと乳房に向かって這っていく。その途中で止まって，母親の目を見つめることもある。時に助けを必要としながらも乳房にたどり着くと，しっかり掴んで吸いつく。乳房に向かって這うのかどうか，あるいは母親がいるのかどうかにかかわらず，人間が抱く最初の欲望と欲動は，常につながりや人間関係，そして情緒的な接触である。私たちは生まれた瞬間から，情緒的なつながりへと自分自身を突き動かす，心理-生物学的な生命力である欲望を経験する。

　食べ物であろうとセックスであろうと，もしくは他の良い経験であろうと，私たちを突き動かす欲望や食欲，探索システム[*52]がなければ，人生は貧しいものになるだろう。乳児期から，他の何よりも願望や報酬を刺激するものは，人と人とのつながりへの欲求である。実際にこれは，多くの人にとって生涯を通して重要な欲動となるべきものでもある。しかし，アン・スパークな人にとってはそうではない。彼らは内向的で，小さく縮こまって自己慰撫的であることを頼みの綱とし，つながりに目を背ける。すると，生命力や欲望は弱くなり，ライフ・ギバーに目を向けられなくなる。そして，孤立して絶望的なスタンスに引きこもることになる。

　多くの依存の引き金となるものは，手に負えない感情であり，そのルーツは良好な情緒的つながりを持てなかった歴史にあると示唆したい。依存は，

[*52] Panksepp J. Biven L. *The Archaeology of Mind: Neuroevolutionary Origins of Human Emotion.* New York: Norton, 2012.

私たちが逃れたいと願う厄介な感情や痛みを麻痺させ，縮小し，回避するための一つの方法である。私は長年，アルコールや薬物，強迫的な買い物，食べ物，そして最近ではポルノグラフィやゲームなど，さまざまな依存を抱える人々と関わってきた。依存の対象には，それぞれに異なる効果があり，異なる理由のために用いられる。しかし，ほとんどの場合，彼らは内的な良い感情の欠損を補うために，そこに手を伸ばす。

　私たちは皆，チョコレートやケーキ，ワイン，スマートフォン，ゲーム，買い物など，依存的な傾向を持っている。私自身も「今すぐ購入」ボタン，そしてエクササイズや仕事，また，健康的だと思われるようなことに依存する傾向がある。おそらく，ストレッサーや悪いニュース，不安，拒絶，仕事のプレッシャーといった困難に直面すると，私たちはしばしば依存の対象へと向かう。依存の影響を未然に防ぐためには，選択した依存に屈して防衛するのではなく，むしろ，大らかにコンテインすることで，耐える方法を見つける必要があるだろう。

報酬の追求と善悪

　依存は脳のシステムに依拠している。このシステムは，快楽や報酬の追求に中心的な役割を果たし，進化の歴史において私たちを助けてきた。たとえば，食事やセックスへと駆り立てられるが，これがなければ私たちの種は繁殖できず，遺伝子を伝えられなかったし，人生ははるかに価値のないものになっていただろう。

　もちろん，報酬探索システムは，進化の歴史を通じて，必要と感じられたときに最も活発であった。ライオンは大量の餌を食べたあとには狩りをしないし，人間を含む哺乳類は，満足のいく性的経験の直後にさらにセックスを求めることはほとんどない。適度に安全感を持ち，ゆとりを感じ，そして情緒的に存在していれば，絶えず新たな報酬を探索する必要はないのである。しかしそれでも，報酬となるようなものが姿を現したときには，自信を持って柔軟に対応する。たとえば，狩猟採集民は，栄養価の高い動物を仕留められそうだったり，誰よりも早くハチミツを採れそうだったりすることに気が

つくと，すべてを投げ出してでもそこに飛びつくかもしれない。

　彼らは長時間にわたって狩りをすることも，何時間あるいは何日にもわたって動物を追いかけることもある。ここには，努力とモチベーション，そして最後に訪れる報酬への期待が必要である。私は20代の頃に，アンティークの売買をしていた。掘り出し物の物色は，狩猟と少しだけ似ているのではないか，いや，もっと依存的なのではないか！　とよく思っていた。

　私たちの脳は，快感を追い求めてそれを探し出す方法を学んでいる。喜びや興奮を経験すると，再びそれが起こることを思って，報酬回路が活性化する。その経験は，子どもが愛情深い親と一緒にいることかもしれないし，ある夜にロマンスに浸った場所かもしれない。あるいはハチミツのある木かもしれない。VTA（腹側被蓋野）と呼ばれる脳の領域では，神経伝達物質であるドーパミンの多くを作り出している。VTAは，他の多くの脳の領域とつながっている。そのため，木に登ってハチミツを見つけ出すような何らかの報酬を得られる場合に，このシステムは，「おい！　あれは最高だったぞ，もう一回登って確認しようぜ。あのときに起きたことを思い出して繰り返さないと」と持ちかける。中脳辺縁系の報酬システムは，経験の情緒的な性質に関わる小脳扁桃（「わぁ！　すごく気持ち良い」）をはじめ，海馬（「そうだ！　この場所を覚えておかないと」），側坐核（報酬になりそうなものへと導いてくれる），前頭前野（どうすればいいのかを分析してくれる）など，脳回路上の関連領域へと向かう。甘いハチミツや愛情深い性的経験といった望みが叶うと，その満足感はプロラクチンやエンドルフィン，オキシトシンなどの愛情に関する神経伝達物質に作用する。このようなことは，豊かで自然なポジティブな経験の混合物であり，悲しいかな，依存に苦しむ多くの人はこれを経験していない。

　内的に死んでスパークが欠如しているならば，依存的な活動を通じてそれを防衛することができる。スパークの欠如は，ネグレクトや学習性無力感，抑うつ，トラウマ，あるいは周囲の生活環境の結果として生じるかもしれないが，これは生命や希望から遠ざかることを意味する。ガボール・マテをはじめとする多くの人が示唆[*53]するように，多くの依存は，そのような穴を埋

[*53] Maté G. *In the Realm of Hungry Ghosts*. Berkeley. CA: North Atlantic Books, 2010.

める試みである。しばしばトラウマによって引き起こされるものの，そのような試みは多くの場合，私たちの報酬システムを狂わせる。

　依存の対象となるものを断ち切ったり取り除いたりするような行動水準で，依存をどうにかしようと試みるかもしれない。しかし，情緒的な健康のための条件が整っていなければ，それだけでは限界がある。ここでいう健康な条件にはもちろん，満足のいく人とのつながりをはじめ，安全感や信頼感，安らぎの感覚が含まれる。そうしてようやく，より健康な報酬探索をもたらす再起動が生じうる。当然のことながら，人間関係によってもたらされるものが最も健康的である。

依存に向かう：シュラ

　14歳のシュラは，5歳のときに向上心のあるイギリスの中産階級の家庭に，養子として迎え入れられた。しかし，当初から彼女は，平板で反応が鈍く，人生から目を背け，人間関係によってもたらされる報酬への期待をシャットダウンしていた。生まれてから数年の間，彼女は国外にある二つの児童養護施設で過ごし，ネグレクトされていた。また，不適切な性的刺激にもさらされていた。生物学的な家族についての情報はなかった。

　私はシュラの子育てを成功させたいと願う親に，こころから同情した。彼らはその後，他の国から女の子の赤ん坊を養子として迎え入れた。その子は明るく活力があり，興味津々で愛情深く，一緒にいて楽しい子どもだった。対照的にシュラは，平板で，虚ろな目をしている。無表情で，不器用で，活力がないように見えた。実際に，彼女はほとんどスパークしていなかった。

　こうした様子は，幼い頃にネグレクトを受けて養子に出された，多くの子どもの窮状に関する調査・研究と一致する[*54]。彼らは一貫して，情緒を認識する能力の乏しさ，感情の平板化，愛情深いケアを享受する力の弱さ，あり

[*54] Rutter M. Developmental catch-up, and deficit, following adoption after severe global early privation. *Journal of Child Psychology and Psychiatry and Allied Disciplines*, 1998, *39*(4): 465-476.

ふれた喜びに対する感度の低さ，社会的な関係の忌避といった特性を示す[*55]。実際に，彼らの脳の全領域が，オンラインの状態ではないことが明らかになっている一方で，十分に思いやりのある家族に早期に迎え入れられた幸運な子どもには，部分的な改善が認められている。

報酬探索に関する脳回路は，早期のネグレクトの影響を受ける[*56]。これは，ドーパミン作動性ニューロンの発達の仕方を変える[*57]。人生の早期に，物事がうまくいったときに強く結びつくとされる前頭前野などの脳領域と，中脳辺縁系のドーパミン報酬回路とのつながりを鈍らせるのである[*58]。これは理にかなったことである。良い経験をしたり，そうした経験を期待したりすると，人生はより満たされてスパークする。「使うか失うか」といったシナリオに見られるように，シュラのようなネグレクトを受けた子どもの社会的報酬回路はあまり使われていないため，それほどオンラインになっておらず，良い経験を探索する素地がないままなのである[*59]。

一般的に，物事がうまく進んで良い経験をすると，それを覚えていて，再現しようと最善を尽くすだろう。ネグレクトされた子どもは，報酬となる経験を期待することを学んでいない。彼らは，幸運な子どもが期待し，再現しようとするような報酬的な時間よりも，空虚さを待ち望む。ベビーベッドに

---

*55　Nelson CA, Westerlund A, McDermott JM, Zeanah CH, Fox NA. Emotion recognition following early psychosocial deprivation. *Development and Psychopathology*, 2013, *25*(2): 517-525.

*56　Herzberg MP, Gunnar MR. Early life stress and brain function: Activity and connectivity associated with processing emotion and reward. *NeuroImage*, 2020, *209*: 116493.

*57　Oswald LM, Dunn KE, Seminowicz DA, Storr CL. Early Life stress and risks for opioid misuse: Review of data supporting neurobiological underpinnings. *Journal of Personalized Medicine*, 2021, *11*(4): online.

*58　Park AT, Tooley UA, Leonard JA, Boroshok AL, McDermott CL, Tisdall MD, et al. Early childhood stress is associated with blunted development of ventral tegmental area functional connectivity. *Developmental Cognitive Neuroscience*, 2021 Feb 1, *47*: online.

*59　Fries ABW, Pollak SD. The role of learning in social development: Illustrations from neglected children. *Developmental Science*, 2017, *20*(2): e12431.

一人で寝かされ，ときどき哺乳瓶を口にするような孤児と，乳房に向かって這っていったり，愛情深い親に微笑みかけたりするような，すでにスパークしている新生児とでは，動機づけのシステムがそもそも大きく異なる。多くの乳児や子どもにとっての最大の動機と報酬は，愛情深く喜びを分かち合うことのできる人間関係である。シュラのようなネグレクトされた子どもは，悲劇的にもこれを欠いており，情緒的つながりを伴わないシャットダウンが生じる。これは，細胞の危険反応に似ている。そうして私たちは，閉鎖状態から抜け出せず，希望を持てず，こころと身体には生命力がなく，脳の報酬回路の活動も低下している人々を目の当たりにするのである。

◆アンヘドニア◆

　薬物などの依存の対象は，高揚感を与え，失意の状態にあるデ・スパークした人を救い出すことができる。これは，シュラのようなネグレクトのサバイバーに，よく見られる現象である。薬物やポルノグラフィのような報酬となる対象は，広く知られているドーパミンヒットと呼ばれる，急激な興奮をもたらす。これは刺激的だが効果は短く，真の満足は与えない。そのヒットの直後には以前の感情が戻ってきて，さらなる探索という悪循環が生じる。

　シュラはこのパターンに当てはまっていた。彼女はたいてい陰気で鈍感なので，快感を得ることも報酬を探索することもできないという，アンヘドニアの説明そのものの状態にあった。ほとんど何に対しても興味を持たず，友達もいなかった。彼女に近づいてくるような人はいないというのが，私の印象であった。アンヘドニアに苦しむ人は，困難な状況になると薬物や過食，強迫的なスクリーンの使用といった依存に逆戻りする[60]。これらは，一時的に生気のない状態から解放してくれるような，努力をほとんど必要としない身近な報酬である。しかし，結局のところアンヘドニアは改善しない。

　残念ながら，手にした依存対象は時間とともに報酬としての価値が下がり，

---

[60] Christodoulou G, Majmundar A, Chou C-P, Pentz MA. Anhedonia, screen time, and substance use in early adolescents: A longitudinal mediation analysis. *Journal of Adolescence*, 2020, 78: 24-32.

当初の興奮を得るためにはより多くが必要になる。より強力な薬物や，より過激なポルノグラフィなどである。多くの依存者は薬物依存から抜け出そうとするときに，高レベルのアンヘドニアを経験する。そして，アンヘドニアから逃れようと，依存を再発する。

　シュラは，多くの時間をソーシャルメディアに費やしていた。彼女はおとなしく，自分の殻に閉じこもっていたので，他者の視界に入らなかった。しかし，年上の男性とのテレビ電話や，ポルノグラフィの鑑賞，学校では性的な写真を送るよう男子に促されるなど，憂慮すべき行為に巻き込まれるようになった。彼女の神経化学的なシステムで何が起きているのかはわからないものの，このような依存行動がアンヘドニアの状態においてよく見られること，そして情緒的な平板さを押し退けるためにしばしば用いられることが知られている。人生の早期に不適切な性的刺激にさらされていたことが，彼女を性的な画像や交流に導いた可能性はある。私たちには知り得ないことではあるが，そのような画像は，彼女の人生において他の何よりも刺激的であり，彼女をそこに引き戻し続けたのだろう。

◆何が役に立ったのか◆

　当初，幼い頃の背景を踏まえて，彼女の行動がどれほど理にかなっているのかを家族が理解できるように，積極的に援助しなければならなかった。彼女の無関心や無気力を，早期のネグレクトに対する理解可能な反応というよりもむしろ，彼女は怠惰で，挑発的で，頑固で，あるいは親の子育てに侮辱的で，さらには「悪い遺伝子」によるものだとみなすのは容易なことだった。

　長い間，希望をシャットダウンしていたというこれまでの経験がもたらす影響を理解すると，親はより共感的になり，潜在的な発達の希望的な兆候を見ることができるようになった。重要なことは，彼女が親を必要としていることを示す，かすかなサインが明らかになってきたことであった。たとえば，親が外出して短時間でも離れると，彼女はパソコンや冷蔵庫に向かった。これは明らかに，情緒的な穴を埋めようとする試みだった。親は，彼女が悪いのではなく，彼女自身でも気がついていないニーズ（この場合は，親への恋

しさ）を，表現しているのだということを学んだ。このような洞察は親を安堵させた。同様に，教師に対しても，彼女が引きこもってしまうきっかけに気がつくことができるように援助したところ，引きこもりを彼女の個人的な問題として片付けなくなり，彼女のことをより理解できるようになっていった。

　家族とのセッションで私たちは，シュラのパターンがいかに深く根づいているのかを知り，そのようなパターンが家族のやり取りの中でどのように現れるのかを確かめた。シュラは自分がいかに引きこもっているのかと指摘されても，その意味がわからず，実際にはそうした訴えを聞くと，さらに引きこもってしまった。しかし，彼女が家族の一員になることをどれほど望んでいるのか，そして，彼女が家族の生活の一部になるのを助けたいと，家族の誰もが思っているのだと父親が語ると，彼女は応じることができた。自分が求められていると感じることは，彼女の希望をスパークした。これは，彼女のそれまでの傾向と比べて，ずいぶんと健康的なスパークだった。

　親は，彼女が自分たちから遠ざかるのではなく，自分たちに向かってくる兆しや，傷ついたことを示すかすかなシグナルなどの小さな手がかりを見つけることを学び，神経システムのセンサーとなった。やがて，感情を避けるのではなく，対話ができるようになった。たとえば，妹に嫉妬している可能性を伝えると，彼女は叱られたように感じたかもしれない。しかし母親は，幼い頃の自分が，いかに嫉妬深かったかを伝えた。私もまた同じように，かなり嫉妬深いこと，しかしそれは自然なことで，実際には親密さを求めるサインであることを伝えた。シュラはこのことを受け入れ，理解されたと感じ始めたことがみてとれた。彼女は，週末に家族で遊ぶゲームを待ち望むようになり，一人で過ごす時間は減り，もはやこれまでのようにおだてられる必要もなくなった。もちろん，いまだに多少は追い求められるのを望んではいたが，そうではない人など，いるだろうか。親は彼女が家族の活動に加わることにどれほど感激しているのかをはっきりと伝えるようにこころがけた。

　彼女の自信はすでに育まれていたが，週2回のセラピーにより，さらに飛躍的な成長を遂げた。私たちは，セラピーを受けることは，自分が出来損な

いだという烙印を押されたように，彼女が感じるのではないかと心配した。しかし，これまでの家族の取り組みが功を奏したようだった。彼女は今，他者が自分のために最善を尽くしてくれること，そして，彼女が変わることができると他者が信じてくれていると確信したことが重要であった。それは実現した。彼女はそれまで以上に努力し，自信と希望を持ち，引きこもることも減った。少しずつではあるが，学校で友達をつくり始め，成績も向上した。人生に対してよりオープンに，より注意深くなっていった。実際に，彼女のライフ・ギバーはスパークしていた。

　これは時間のかかる作業であり，奇跡的な治療ではない。幸運なことに，私は数年にわたって親と手を取り合うことができ，繰り返し襲ってくる葛藤や，あきらめたくなるような誘惑を避けるよう援助することができた。興味深いことに，私たちはインターネットの使用制限のような，明示的で行動療法的な働きかけはほとんど行わなかった。現在，彼女のスクリーンへのアクセスは，家族全員の目が届くリビングルームに限定されていた。私たちがしたことは，彼女と共に楽しみ，彼女のことを気にかけて愛してもいる仲間からの恩恵を受け，そうした仲間とリラックスできるような，特に対人関係から生じる喜びや報酬のためのシステムのスパークであった。このような希望に満ちた変化によって，彼女は依存的な活動に身を委ねる必要が減っていったのである。

　多くの場合がそうであるように，依存は問題ではなく症状である。他のシステムを活性化することで，彼女のモチベーションのバランスは再調整された。彼女は，家族，それから友人，やがては学業などの，人生のありふれたことから喜びを得るようになった。幸運なことに，彼女には音楽の才能があることがわかった。彼女は優れたギター奏者になった。これは，自分自身を表現できるようになっただけではなく，学校での立場を得て，集団生活にも参加できるという，希望に満ちたことであった。シュラは現在，スパークしている。これまでに何度も目にしてきたように，これは喜びを分かち合えるような，安全な人間関係から生み出されるものである。

――――― トラウマ,依存,そして脳 ―――――

　幼少期にトラウマをはじめとした過酷な経験をした人の多くは,依存の誘惑に引き込まれ,良い経験をする傾向が低く,満足感を得にくく,アンヘドニアを経験しやすい。シュラのような人は,たくさんの愛情と快を経験することなく育つので,真の満足の得られない報酬を依存的に探索することで,それを補おうとする。実際に,テクノロジー企業やゲーム会社は,私たちをオンライン上に留めさせ,報酬への欲望を刺激するエキスパートである。Facebook 上で「いいね」や新しい「友達」を得ると,側坐核をはじめとする脳のドーパミン系の領域が過剰に刺激される。しかし,真の満足は得られない[*61]。

　シュラは,無意識のうちに依存に支配されている典型例であった。ラットの報酬回路に電極をつないだ,数十年前の実験がある[*62]。ラットはレバーを引くことで,報酬回路を刺激できる。たとえ空腹であっても喉が渇いていても,近くに仲間になりそうなラットがいても,メスの場合は子どもに求められたとしても,すべての欲求を無視して,1時間に2000回以上レバーを引き続けた。もちろん,これは人間のヘロイン中毒や他の依存症においても認められる類のことである。

　依存状態にあると,何が自分にとって良いものなのか悪いものなのかを,評価するのに苦労する。ラットであっても人間であっても一般的な動物は,好きな食べ物と一緒に気分の悪くなるような食べ物を与えられるというような,良いと悪いの両方を備えた提案は拒否するだろう。しかし,依存状態にあるラットや人間は,そうはならない。どんなことをしてでも報酬に向かっ

---

*61　Montag C, Markowetz A, Blaszkiewicz K, Andone I, Lachmann B, Sariyska R, et al. Facebook usage on smartphones and gray matter volume of the nucleus accumbens. *Behavioural Brain Research*, 2017 Jun 30, *329*: 221-228.

*62　Olds J, Milner P. Positive reinforcement produced by electrical stimulation of septal area and other regions of rat brain. *Journal of Comparative and Physiological Psychology*, 1954, *47*(6): 419-427.

て突き進む。かなりお腹を空かせたラットでさえ，欲しい餌を手に入れるために苦痛なショックを与えられる道は通らないが，依存症のラットは薬物を手に入れるために，通常では考えられないほどの痛みに耐える。人間の薬物依存者においても，同じようなことを目の当たりにする。たとえば，薬物を手に入れるために物を盗んだり，愛する人を裏切ったりすることもある。

　私たちの進化の歴史は，画面上のゲームや新たな薬物のような，現代の依存や誘惑に対応する準備ができていない。食べ物を探し求めて狩りをしているときのように，獲物や報酬が近くにあることがわかると，その努力を強化する生理システムによってドーパミン量は急増するだろう。健康的な何かがスパークされ，それによって目標に向かって進むための軌道を維持することができる。これが，神経科学者のアンドリュー・ヒューバーマンが，ドーパミン作動系をある種の勇気回路と呼んだ理由である[*63]。これは，現代の新薬やソーシャルメディアが欲望を刺激し，容易に手が届く報酬を何としてでも手に入れさせようとする方法とは，大きく異なる。

　報酬を得るとすぐに，探索システムの強度は下がり，満足感を得たり良い気分になったりするための他の領域が優勢になる。依存の状態においては，このような満足感の源泉，たとえば，狩りがうまくいったときの強烈な興奮や，親友と楽しんだり親密なセックスをしたりするときの愛情によるオキシトシンのほとばしりなどが，しばしば欠けている。これは，健康なシステムの一部しか働いていない状態であり，電化製品に例えると，すべての電流が1箇所に流れ込むことで，必要とされる他の経験をミス・スパークさせ，ショートさせている状態である。繰り返すが，シュラのような人々との仕事は，安全感を育むことでリセットし，その後，より健康的なスパークを可能にするために再起動させることである。

[*63] Huberman A. Dr. Andrew Huberman on how the brain makes sense of stress, fear, and courage. *Finding Mastery*. 2020. Available from: https://findingmastery.net/andrew-huberman

第10章 依存症とポストコロナの倦怠感
ADDICTION AND POST-COVID MALAISE

恐怖，断絶，そしてパンデミック

　情緒のシャットダウンや，恐怖，不安，そして不信にとっての——実際のところ，これらは依存的な特性を助長する——理想的な状況を創り出さなければならないとしたら，COVID-19 とそれに伴うロックダウン，そしてこれらがもたらした緊張感と不安感に勝るものはないだろう。これまで見てきたように，脅威は人々を内向的にし，つながりや信頼，希望から距離を取らせる。本書を執筆している時点で当たり前に見えるものは，少し前までは考えられなかったことだ。人々は路上にいる他者を警戒し，恐怖によって引き起こされる不信感が表情に現れ，忌避感ばかりか嫌悪感さえも身振りで伝わる。親近感はしばしば疑念で迎え入れられるようになった。世界は安全で友好的なものとしては経験されず，最も親しく愛しい相手でさえも，しばしば危険なものとみなされてしまう。

　感染に対する恐怖は，社会的忌避や社会的嫌悪と密接に関わっているが，これらは島皮質をはじめとする脳領域が，かなり賦活化されることで生じる感情である。これは，病原体にさらされるリスクを避ける行動水準の免疫システムのようなものであり，進化の本質として理解できるものである。しかし，残念なことに，これには副作用が伴う。病原体となりうるものを，「触れてはならない」ものとみなして嫌悪の対象とするのは，気分の良いことではないだろう。排斥や情緒的拒絶は，文字どおり痛みを伴うものであり，身体的な痛みを感じるときと同じ脳回路を賦活する。パンデミックの間に，最も影響を受けなかったと思われる私のクライエントは，それ以前から衛生状態

をかなり気にしており，ある意味で閉鎖的で，不信感と不安感を抱いているような，強迫的な傾向を持つ人たちであった。

　パンデミック以前の世界が決して完璧であったわけではないが，人々はハグやキスをためらわず，知らない人と握手をし，他者が触れたものを使ったり，公共交通機関あるいは屋内で他者と同じ空気を吸ったりすることに，何の抵抗も感じていなかった。触れることそれ自体がとても重要である。なぜなら，愛情に満ちた温かい感情だけではなく，信頼や寛容さにもつながるオキシトシンの分泌をはじめとした，強力な神経化学的効果をもたらすためであり，これは健康にも良いとされている。孤独や隔離，触れ合いの欠如はすべて，身体的および情緒的な健康に悪影響をおよぼし，健康や罹患率に対するリスクも証明されている[64]。

　パンデミック以来，多くの同僚のもとに，心理療法の紹介が殺到している。また，最近のクライエントの多くは，不安感や抑うつ感が高まっていると語る。抑うつや不安，自死，それにもちろん薬物の乱用が，かなり増加していると示唆する研究もある。これは，典型的なデ・スパークである。もちろん，安全で，愛され，つながっていると感じることが希望とスパークを生み出す。おそらく私たちの誰もが，隔離やロックダウン，そしてコロナを恐れる風潮によって，デ・スパークを感じている。私たちは誰しも，いくらか依存する傾向がある。このコロナ禍で，多くの人が依存へと向かう衝動と衝迫の高まりを感じている。肥満が著しく増加し，飲酒やゲーム，とりとめのないインターネットの閲覧，ソーシャルメディアの利用といった，スクリーン上の活動も増加している。私の場合は，かつてないほどに，サッカーに関するゴシップに詳しくなったと自覚している！

---

[64] Hajek A, Kretzler B, König H-H. Multimorbidity, Loneliness, and social isolation:A systematic review. *International Journal of Environmental Research and Public Health*, 2020 Jan, *17*(22): online.

生気のなさと依存からの回復：チャック

　現代社会には，依存へと向かう行動傾向を強化するものがたくさんある。最近の脱法薬物は，人間が進化する中で予期していたものとは異なり，想像もできないほどの爆発的なドーパミンの増加を引き起こす。強力な依存性があり，使用後には恐ろしいほどの「落ち込み」をもたらすことが多い。多くのソーシャルメディアやテクノロジーには，より多くの「いいね！」や新奇性を求めて，繰り返し利用させる強力な力がある。ドーパミンレベルの大幅な急上昇は，「変動報酬」[*65] と呼ばれるものに見られる。これは，どのような報酬が得られるのか，さらには，それがいつ得られるのか，といったことが不確実なものである。私たちはこうした変動報酬を，たとえば，スロットマシンで遊んでいるときに目にする。ポルノグラフィやゲーム，ソーシャルメディアのような依存的な活動には，変動報酬のアルゴリズムが強力に組み込まれている。

　20歳のチャックは，一人っ子で，困難な幼少期を送った。母親は彼が幼い頃に，長い闘病の末に亡くなっていた。彼は，厳格で強迫的な傾向があり，共感することに困難を抱える父親に育てられた。コロナの感染が拡がり，通っていた大学が閉鎖されたため，彼は実家に戻って父親と一緒に暮らしていたが，父親との関係は安らげるものではなかった。

　彼はコンピューターを使って一人でゲームをしたり，ソーシャルメディアを利用したりして多くの時間を過ごすような，コロナ前の防衛のあり方を強めた。スパークに必要とされる良好な社会的つながりと愛情深い関係は，今ではほとんどなくなっていた。もっと若い頃の彼は，自信がなく，ちょっとした一匹狼だったが，今，そうした状態に戻っていた。以前は大学では何の問題もなく，寮のホールで友人や知人をつくり，講義やサークルに参加し，他者とうまく付き合い，それなりに充実した日々を送っていた。

[*65] Sapolsky RM. *Behave: The Biology of Humans at Our Best and Worst*. London: Penguin, 2017.

思春期に彼は，短期間ではあるが「ゴス」のピアグループに入り，ドーパミンをかなり急増させる，新薬をはじめとした薬物を試していた。こうした試みによって，色彩のない世界から連れ出されたのだと，彼は表現した。父親が引っ越したことでこのピアグループを失い，孤独感は倍増した。強烈な依存欲求に悪戦苦闘したものの，やがて薬物を絶つことができるようになった。大学に入学する前の彼は，不健康なほど多くの時間をスクリーンの閲覧に充てていたが，入学後は社会的なつながりが増えたため，こうした強烈な依存欲求を，なんとか抑えることができていたのである。

　コロナの襲来によって，国内の別の地域に住む父親の家に戻らなければならなくなり，平板で絶望的な感覚とともに，再び孤立感を抱くことになった。私は，彼の大学がある街で彼と対面で会っていた。ロックダウンの期間中は，オンラインでのセッションを続けていたものの，彼は希望から遠ざかり，気分は落ち込み，モチベーションもほとんど失われているように見えた。

　チャックは幼い頃に，思い慕われ，互いに共感し合うといった必要な報酬を経験し損ねていたため，そもそもリスクが高かった。彼が幼い頃，父親は不安感が強く，しかも堅物であった。チャックの笑顔が，喜びに満ちた愛おしい反応で迎え入れられることはなかった。実際，抑うつ状態の母親から生まれた赤ん坊のドーパミンレベルは，わずか数カ月で平均値よりも低くなることがわかっている[66]。これは，報酬となる経験の不足のためであり，何も驚くべきことではない。同様に，ネグレクトを経験した子どもは，愛情や信頼，寛容さの要であるオキシトシンがより少ない。

　彼の自信のなさや閉鎖性は，おそらく幼い頃の経験に端を発していた。彼は，希望やライフ・ギバーを探し出すことも，それを受け入れることもできない若者になっていた。チャックがゲームやポルノグラフィ，ソーシャルメディアにしがみついていたという事実は，容易に理解できるものだった。

---

[66] Field T, Diego M, Hernandez-Reif M. Prenatal depression effects on the fetus and newborn: A review. *Infant Behavior and Development*, 2006, *29*(3): 445-455.

◆依存症を引き起こす環境の整備◆

　ラットを用いた研究が，このプロセスについて知る手がかりになる。一方にはヘロイン，もう一方には水が入った二つのボトルが置かれたケージに，1匹で入れられたラットは，絶えずヘロインをお替わりして依存状態になる。当初，このような研究は，薬物を手に入れられることが問題なのだと示唆してきた。しかし，数年後，仲間や性的なパートナーなどの多くのラットがいて，さらには興味深い遊具があるような豊かなケージに入れたときに，再考されることになった[*67]。ラットは以前の研究と同じように，ヘロインの入ったボトルと水の入ったボトルを選ぶことができたが，ヘロインにはほとんど触れなかったのである。満たされ，豊かな生活を送っていたので，独りぼっちでケージに入れられたラットのように，生気のないアン・スパークな状態ではなく，気を晴らしてくれるヘロインという代償を必要としなかったのである。チャックの人生，さらにはロックダウン中の私たちの生活の大部分は，豊かで社会的に恵まれたケージから，寂しく孤立したケージに強制収容されたラットのようなものだったのかもしれない。

　同じようなことが，ベトナム戦争後にも認められた。戦争中，多くの米軍兵士は，かき乱された感情をどうにかしようとしてヘロインを使った。戦後にヘロインを使い続けた兵士は少数だったものの，そうした兵士は所属感が乏しい傾向があったり，幼少期にトラウマを経験した可能性があったりした[*68]。豊かな生活や良好な人間関係に戻り，職を得て社会に溶け込んだ兵士は，ほとんどヘロインの乱用に戻らなかった。私たちは，ゲームやポルノグラフィ，そして多くの薬物が持つ，依存に向かわせる吸引力を嘆くかもしれない。しかし，それは偽りのない報酬や，真の満足感が不足した世界であり，

[*67] Hadaway PF, Alexander BK, Coambs RB, Beyerstein B. The effect of housing and gender on preference for morphine-sucrose solutions in rats. *Psychopharmacology*, 1979, *66*(1): 87-91.

[*68] Hall W, Weier M. Lee Robins' studies of heroin use among US Vietnam veterans. *Addiction*, 2017, *112*(1): 176-180.

当然のことながらストレスやトラウマが多すぎる世界なのだ。こういった世界が，依存症の素因を生じさせるのである。

気分が落ち込んで平板なときに，ニコチンやアルコール，脱法薬物あるいはゲームなど，こうした気持ちから逃れさせてくれるかもしれないものに手を伸ばすのは，理にかなっているのである。脱法薬物の使用によって脳の報酬回路を刺激し，一時的に「生きている」感覚を得られるからである。生きる喜びを欠いた状態とされるアンヘドニアは，ドーパミンレベルの低下によって生じる。実際に，抗精神病薬をはじめとするドーパミンを低下させる薬の服用によって，アンヘドニアが生じる。依存的な薬物の効果が切れると，アンヘドニアのような急激な落ち込みに出会う。これはまさに，再び依存しないために，そして強烈な欲求に戻らないために，適切なサポートが必要なときである。

さらに悪いことに，コカインをはじめとする薬物によって刺激されたドーパミンは，可鍛性幹細胞をドーパミン化と呼ばれるドーパミンニューロンに変形させることで，どの遺伝子を活性化あるいは非活性化させるかを制御することさえできる[*69]。回復は決して容易なことではないのである！

◆**回復**◆

コロナ以前のチャックは，私が彼のこころに関心を持っていること，あるいは彼が私に興味を持ちうることを，たとえ完全には信じていなかったとしても，セラピーをより信頼するようにはなっていた。なにしろ私は，彼が幼い頃に経験したような大人の男性ではなかったからである。パンデミック中のオンラインセッションで，彼は引きこもってしまったように感じられたが，再び対面で会えるようになったときには大きな安堵感があった。しかし，私は，彼が不安や動揺を感じたときに見せるかすかなサイン（呼吸の乱れ，前傾姿勢，筋肉の緊張など）の手がかりを読み取り，彼がそうした手がかり

[*69] Lepack AE, Werner CT, Stewart AF, Fulton SL, Zhong P, Farrelly LA, et al. Dopaminylation of histone H3 in ventral tegmental area regulates cocaine seeking. *Science*, 2020, *368*(6487): 197-201.

を読み取ることができるように助ける神経システムを感知したり，そうしたシステムにささやいたりする，身体情報を通した手段を失っていた。

　ロックダウンは，彼をそれまで以上に危険にさらし，孤立させ，自信を喪失させていた。彼の主な人間関係は，自分のメンタルヘルスの問題と苦闘し，より不安になっていた父親だった。私たちはチャックが利用できる支援について，懸命に考えた。コロナ前に住んでいた所に戻ると，彼は大学から資金援助を受けて設立された，オンラインのサポートグループに参加した。そこでは，他者に会えることや，ロックダウン中に経験した苦しさを分かち合えることに感謝し，暗い気持ちを感じているのは自分だけではないことを知って，彼はずいぶん安堵した。繰り返しになるが，良好な情緒的つながりは，たとえスクリーン上であったとしても，報酬や安心感をもたらすのである。

　チャックはサポートグループを通じて，自分が他者を助ける立場になることを見出した。地元のフードバンクを支援し，必要な物資を届けるようになった。それまで，自分や父親のニーズ以外にほとんど目を向けられていなかった彼にとって，これは大きな変化だった。新たな活動について話すとき，彼の目はスパークしており，明らかに誇りを感じ，新たな目的意識を持っていた。より自分を思いやれるようにもなっていた。そして，フードバンクで共に活動する同僚に，自分の依存傾向，特にゲーム依存について打ち明けるようになった。さらに，他のサポートグループにも参加した。それは彼にとって特別な意味のあるもので，ゲームに依存している人を対象にした12ステップからなるプログラムであった。彼は自らの習慣を断ち切ることができるようになったばかりか，依存のメカニズムにも興味を持つようになった。実際に，彼はある種の専門家になった。さらに，大学の専攻の一つを心理学に変更し，大学院に進学して訓練を受けることを目指すようになった。

　チャックは希望を見出していた。ヒューバーマンが示唆するように，ドーパミン作動系は，単に薬物や依存に関わるだけではなく，困難に直面したときに背中を押し，辛抱強くやり抜くためのレジリエンスをも与えてくれる。彼は，新たに手に入れた自信を胸に，今では大胆にも，恋人を求めてオンライン上でのデートも始めた。セラピーやサポートグループ，親密な関係性に

よって安全感を抱き，再起動が生じたのである。また，チャリティ活動にも情熱とスパークを見出していた。私は当初，デートがインターネット上で行われていることもあり，絶え間のないスクロールがゲーム依存に似ているように思えて心配した。また，先送りにしていた思春期の課題に，狂乱しているようにすら思えるほどに熱中していたので，異性との短期間の性的関係に依存してしまわないかとも心配した。しかし，やがて彼は長期的な関係を築くことができる相手と恋に落ちた。孤独で孤立したケージにいるラットではなく，豊かなケージにいるラットのように，彼は興味や自信，愛情，希望にスパークされた，実りのある人生を手に入れ，少なくとも当面の間は，それまでの依存を必要としなくなったのである。

──── ドーパミン：勇気を与えるホルモン──ピーター ────

　アンドリュー・ヒューバーマンは，ドーパミン作動系が過剰に刺激されず，バランスを崩さない場合，目標を追求し，課題を遂行し，あきめずに挑戦を楽しむことができるという，とても有益な指摘をしている。このシステムは，希望や自信，熱意，そしてライフ・ギバーがなくなると作動しなくなり，薬物あるいはスクリーンなどの現代社会にありふれる誘惑に乗っ取られる可能性がある。

　思うに，私たちが望む報酬システムの一つは，あきめたくなったときに燃料を補給してくれたり，長い道のりが待っているときにモチベーションを維持してくれたりするものである。これは，神経科学者のリチャード・デイビッドソンが，安定して外向的な幼児や大人から見出したものによって裏づけられる[70]。スパークしているライフ・ギバーとともに，積極的で開放的なこころの状態で体験に立ち向かう人は，ポジティブな感情に関連する左前頭前野がより強く活性化することが示されている。マインドフルネスも同様に，回

---

[70] Davidson RJ. Asymmetric brain function, affective style, and psychopathology: The role of early experience and plasticity. *Development and Psychopathology*, 2008, 6(4): 741-758.

避ではなく希望や接近志向のマインドセットと関連する，前頭前野の左側の活性化を促進する．

　私はこのことを，失望へと容易に陥る脆弱な4歳児のピーターとの関わりで，目の当たりにした．彼が生まれたあと，父親が病気に罹った．母親は抑うつ的で心配性，また，情緒的に不安定であった．ピーターは，生命力や熱意，スパークの欠けた，自信のない悲しげな少年であった．彼はしばしば何かに挑戦しては失敗し，悲しみに沈んだ．まだ特定の依存症に至るには幼すぎたものの，自らを落ち着かせたり，感覚を麻痺させたりするために，手を揉んだり，体を揺らしたり，ある容器から別の容器に砂を移すような，感覚を刺激する反復的な儀式に逃げ込んでいた．

　あるセッションで，私たちは積み木を使っておもちゃの家を建てていたが，それは今にも崩れ落ちそうだった．私は緊張して，積み木があちらこちらに飛び散るのに備えた．過去にはこれが，ピーターを孤独な絶望へと陥れていた．しかし，今回は積み木が床に落ちたとき，私はなんとか気持ちを立て直し，「クラッシュ！」と大声で叫んだ．強さや衝撃，動揺を表現しつつ，こうしたことは対処可能で，むしろ興奮さえするものであると伝えようとしたのである．これは，経験に目を背けるのではなく，経験に向き合うことだった．

　ピーターは上唇を小刻みに振るわせながら，まさにあきらめようとしていたが，私はいくつかの積み木を拾い上げ，「また作れるよ，ほら見てごらん」と言って，希望と回復の可能性を示そうとした．私が一部の積み木を交換すると，彼は私を見つめて，最悪の事態が起きても持ち直すことができるということを理解しようとしていた．修復し終えると，彼は再び初めから家を建て直したいと言い，以前は恐れていたクラッシュを，今では楽しみにしていた．希望を取り戻した彼は，そこから数週間，あきらめずにこのシーンを何度も何度も再現した．それはあたかも，希望を持つこと，レジリエンス，そして努力することを練習しているかのようであり，まるでライフ・ギバーが活動し始めたようであった．私は，誇り高き父親のような気分だった！

　私たちの誰もがそうであるように，ピーターも誰かが彼のために希望を

持ってくれる必要があり，これはその当時の彼の母親にはできなかったことである。彼は家具の間を飛び越えるような新しいゲームをすることで，自信をつけた。セラピストになり立ての頃の私であれば，彼の明らかな恐怖や不安に共感すべきだと感じていたかもしれない。しかし今では，単に彼が抱いている恐れに寄り添うだけではなく，彼の持つ力を信じることが必要だと，理解していた。彼が危うくあきらめかけても，「もしかしたらピーターならできるかも……」と伝えると，彼は辛抱強くやり抜くことができた。私の勝ち誇った「やったね！」という言葉のあとにも，彼の挑戦は続いた。彼が見せた笑顔は，点火した報酬システムの結果であり，喜びと興奮を表現していた。幸運な子どもにとっては当たり前の，希望に満ちたポジティブな感情状態になれるように支えたのである。やがてピーターは，人の手を借りなくてもこうした感情状態になり，事実，両親からは「やんちゃ」になってきたと心配されるほど，生き生きしてきたのである！

　ピーターには，楽観的な感覚と，行為者としての主体の感覚を育む援助が必要であった。もちろん，能力の過信には危険が伴うが，ピーターのような子どもは，あまりにも簡単にあきらめて希望を見失うリスクを抱えている。当初，彼が遊んでいた動物たちは，お互いに非常に注意深く接していた。たとえば，悲しんだり傷ついたりした動物がいると，すぐに別の動物をなぐさめに行かせる。このような共感が成功だと言える子どももいるが，ピーターの場合は，自分の強さや力，主体の感覚が受け入れられること，そして多少の傷は回復できることを知る必要があった。私は，動物たちが戦い，登り，叫び，要求し，そして荒々しく生き生きとしながらも，他者の嘆きや怒りに怯えないような強靭さを強調することを学んだ。すぐに私たちは，動物のおもちゃを使った遊びだけではなく，取っ組み合いのような昔ながらの愉快で荒々しい身体を使った遊びにも，生き生きと挑戦するようになった。

　実際のところ，乱暴な子どもを望む親はほとんどいないが，ピーターのような子どもたちはあまりにも脆弱であり，彼らが強く，そしてスパークするようになるには，援助が必要である。幸いにも，彼の父親は回復してきて，両親も共に援助を受けるようになった。今では，ピーターの力強さや活発さ

を奨励できるようになっていた．ついに彼は，熱意と力強さ，主体の感覚を手に入れ，報酬を精力的に追求する能力も持つようになった．今では，公園でも自分の存在感を発揮し，友達も増えた．遊びに誘われ，人気者になっていった．現に彼は，たくましい背中と，楽しんで過ごせるワイルドなこころを育んでいた．

勇気や希望，決断，さらには攻撃性といった特性は，ハンターの決断力のように，あるいはプレッシャーのかかる場面で逃走よりも闘争しようとする勇気ある行動のように，私たちを前に進めてくれる．これはよく「グロース・マインドセット」と呼ばれる，潜在力や効力感に関連する良好な感情である．依存的薬物の使用によって経験するような，あるいは現実的なところではゲームやポルノグラフィで経験するような，一過性の興奮とは異なり，健康的なドーパミンの分泌は，いくつもの小さな報酬による興奮や，習熟することの喜び，やがては成功につながるだろうと信じて着実に前に進むことで，もたらされる．

私たちの誰もがそうであるように，チャックやピーターは，力強さ（たくましい背中）や，開かれた広いこころ（やわらかな腹面），活力，熱意，決断力（ワイルドなこころ）を持ちながら生活することでもたらされる，良いものを避けるのではなく，こうした良いものへと向かうような目標へと，私たちを突き動かすシステムを活性化しなければならなかった．

ヒューバーマンは，精神科医のロバート・ヒースが 1960 年代に行った調査・研究を引用している．ヒースは，電極を使って，性的感情や薬物の使用によって生じる，強い高揚感をはじめとするさまざまな感情状態などの，幅広い情緒的反応を引き起こす脳領域を刺激した[*71]．驚くべきことに，実験参加者が最も好み，望んだものは，勇気を持つことやリスクを負うこと，さらには脅威となるものに向き合うことの中核となる脳領域の刺激であった．私たちは，対処可能な葛藤と，そうした葛藤を乗り越える能力を求めているようなのである．言い換えれば，レジリエンスとプレッシャーにさらされた状

[*71] Bishop MP, Elder ST, Heath RG. Intracranial self-stimulation in man. *Science*, 1963, *140*(3565): 394-396.

況において，力強く前に進む力は，決定的に重要な能力だということである。
　当初，チャックもピーターも，あきらめ，背を向けていた。ほとんどスパークしておらず，抑制されていた。私たちの多くは，こうしたことをパンデミックによるロックダウンの期間中に感じており，開かれたこころとたくましい背中を備えた世界に帰ろうとして，ずいぶんと苦労した。鈍化して落ち込んだ状態から最も簡単に抜け出すために，儀式の繰り返し，スクリーンやソーシャルメディア，ポルノグラフィの閲覧，そして薬物の使用といった，依存的な行動を取りたくなるかもしれないが，結局のところ，それらは決して満足のいくものではない。幸いなことに，チャックはもちろん，ピーターやシュラも，充分にリセットと再起動ができた。そして，日々の活動の中で，自らのライフ・ギバーをスパークさせ，リスクはありながらもエキサイティングな人生の喧騒の中で，積極的なプレイヤーとなる可能性への準備ができたのである。

第11章 母親を乗り越えるこころ
MIND OVER MOTHER

―― マインド・ペアレント ――

　私は長年，知的に優れ，カミソリのように頭のキレが鋭く，学業成績も良く，迅速な思考ができるにもかかわらず，どこか生気がなく手の届きにくい人にたくさん出会ってきた。こうした人々は，「頭の中」にいる状態で，自らの感情に触れることがない。ドナルド・ウィニコットは1950年代に執筆した古典的な論文*72で，自らの身体の中で適切に生きることをまったく学ばず，その代わりにこころの中に退避してしまう人がいることを示した。彼の言葉を借りるなら，こうした人々の精神は，身体に宿る機会を与えられなかったということである。つまり，安心して抱えられていると感じると（ウィニコットによると，それは母親によってなされるものなのだが），「存在し続けること」*73と彼が呼ぶ，深い安らぎとくつろぎに浸ることができる。こうした経験は，現代社会にありがちな，緊迫感と過剰な警戒心から「活動」し，能動的に考えるのとはかなり異なる。

　これから手短に紹介するジャナやジェッドのように，リラックスしてそこに居続けることを可能にする，安全で穏やかな経験が欠けていた人もいる。ストレスや危険を感じている乳児は，自らを抱えるために，早熟で過活動なこころを利用するなどの，他の方法に頼らなければならない。

---

*72　Winnicott DW. Mind and its relation to the psyche-soma. *British Journal of Medical Psychology*, 1954, *27*(4): 201-209.
*73　Winnicott DW. Primary maternal preoccupation. In: *Through Paediatrics to Psychoanalysis*. London: Karnac, 1992.

ウィニコットは，生き生きとした感覚と，その対極にある抑うつ的であることや意欲が喪失していることとの違いについて，とてもよく理解していた。年配になってからは，「死ぬときには生き生きとしていますように」と言ったと引用されている。私が出会ってきた「思考に頼る」人の多くは，このような深い安らぎの感覚を欠いており，しばしば情緒や身体感覚から切り離されている。潜伏している生気のなさから逃れるために，思考（mind）を使って自らを奮い立たせることはできるが，そうして得られたスパークは，非常に浅い。また，依存に至るプロセスとの類似性も明らかである。生気のなさはしばしば激しく防衛される。こころ（mind）の活動は生じるものの，それ自体が依存になる可能性があるのである。

眩（まばゆ）い偽りのスパーク：ジャナ

ジャナは聡明で洞察力があり，生き生きとしていたものの，つかみどころのないところがあり，どこか移り気だった。彼女の母親はアルコールに依存する傾向があり，抑うつ的で引きこもっていた。母親は，芸術や演劇，音楽，オペラに触れると，一時的に生気を取り戻すことはあったが，残念ながら，自分の子どもたちに対しては，生きる喜びを見出せないでいた。ジャナは主に乳母に育てられ，思春期を迎える前に全寮制の学校に入れられた。父親はジャーナリストで作家でもあったため，家の中は本で溢れていた。彼女が語ったように，彼女は乳母や何冊もの本だけではなく，自分自身の強い自立心によっても育てられた面がある。ジャナはおそらく，母親のように，興味深く生き生きとして見え，本書で説明してきたようなある種の落ち込んだ感情を，明らかには示していなかった。しかしながら，内面には生気のなさがあった。興味深いことに，彼女と時間を共にするときやそのあとに，私はしばしば虚しくなったり，どこか抑うつ的な気分になったりした。こうした気持ちは，ジャナと同じような状態を示す別の人とも経験したことがある。

抱えてくれる共感的な親がいなかったため，ジャナは自分で自分の面倒を見なければならず，自分の思考（mind）を頼りにしていた。それは，自らを

引っ張り上げて人生を生き抜くための，ブートストラップとなっていた。これは「マインド・ペアレント」として考えることができるものである。マインド・オブジェクト*74 とも表現されるが，思考が現実に頼るべき親の代わりになるのである。その代償としてジャナは，他者をこころから信頼することも，安全感を抱くことも，安らぎを感じることも，また，こころから生き生きとすることもなかった。ジャナは明らかなデ・スパークのカテゴリーには当てはまらず，かなりスパークしているように見えた。しかし，彼女のエネルギーと充実感は，ある種の内的な麻痺を覆い隠すものであり，手が届きにくかった。

　このような思考や精神的敏捷性への強烈な執着は，救命行為のように感じられるかもしれないが，安らぎや信頼の内的な源泉を拠り所にして生きていくうえでは，不十分な代替物である。こうした人のスパークは防衛的であり，真のライフ・ギバーによってもたらされたものではない。好感が持てるように見えるものの，他者からするとしばしば遠ざけられているようにも感じられる。深いレベルでは，自分のために誰かがそばにいてくれるなどとは信じておらず，安全なアタッチメント対象が不在なので，自らの早熟なこころを頼りにする。結局のところ，こうした戦略はしばしば失敗に終わる。実際に私自身もそうだった。つまり，こうした戦略がもはや通用しなくなるほどにまで自分のこころを使い果たし，他者のことはこころから信頼しない。しかし，しばしば生じることではあるが，受け入れがたい情緒的な現実に向き合わざるを得なくなるのである。

　ジャナは20代後半で私のところにやってきた。人間関係がうまくいかなくなるという壁にぶつかり，抑うつに陥っていた。「偽りの自己」がパチパチと音を立ててスパークしたものの，それはギシギシと音を鳴らして停止したブレイクダウンのあとだった。セラピーを受けに来るまで，彼女は無気力に近い状態にあった。過去に流した涙を思い出せないような人であったにもかかわらず，ほんの些細なことで涙をこぼした。シロップの中を歩いているよう

---

*74　Corrigan E, Gordon P-E. *The Mind Object*. London: Karnac, 1995.

な重苦しさを経験しながらも，かつて持っていたシャープな判断力と優れた精神的敏捷性によって，一時的にそこから逃れることはできていた。しかし，それはすぐに消え失せ，避けようとしてきた抑うつ状態に戻ってしまう。

　思考に頼るパーソナリティは，浅い基盤の上に築かれているというよりもむしろ，流砂の上に築かれている。彼らのこころは，軽快な状態を保つために，躁的で過度に活動的なあり方で動き続けなければならない。ジャナはいつも，自分が薄氷の上を歩いているようだと感じていた。ドナルド・ウィニコットは，こうしたこころの状態を理解するうえで，最も助けになる人物である。彼は，今，恐れているブレイクダウンは，実はずっと昔に生じたものだと示唆する*75。ジャナの場合，それは乳児期に生じたものであると思われる。当時の彼女はひどく孤独を感じ，愛情深い「抱っこ（holding）」の欠如に苦しんでいたのだろう。

　こうした早熟なこころによる驚異的な延命措置に対しては，深い敬意を払うべきである。自らのこころを利用したジャナの防衛は，あたかも頭を水面に保つ唯一の手段として，救命ボートをつかむときのようなしがみつきであった。思考に駆り立てられた偽りの自立心によって，痛みを伴う弱さを寄せつけないようにしていたのである。

　ジャナの防衛が崩れていくにつれ，私たちは彼女の絶望と孤独の深さを掘り起こしていった。彼女には，作家のキャサリン・メイが『冬ごもり』*76 †4 と呼んだ状態，あるいは，ユング派の影響を受けた詩人ロバート・ブライが「地下のキッチンで過ごす時間」*77 と呼んだ状態に，少し身を委ねる必要があった。これはある種のスイッチオフや冬眠，リセットの時間であり，また，

---

*75　Winnicott DW. Fear of breakdown. In: *Psychoanalytic Explorations*. London: Karnac, 1989.

*76　May K. *Wintering: The Power of Rest and Retreat in Difficult Times*. London: Rider, 2020.

†4　（訳注）翻訳書のタイトルは『冬を超えて』だが，本著翻訳者も「Wintering」は冬ごもりという意味であると指摘しており，本書の文脈から「冬ごもり」がより適切であると判断し，これを採用した。

*77　Bly R. *Iron John: Men and Masculinity*. Boston, MA: De Capo, 1990.

静かに過ごし，退避し，多くの涙を流し，空間を見つめることである。ジャナにとって何よりも重要なのは，生まれて初めて他者に世話をしてもらうのを許す時間であった。

ここには，彼女を何日もただ家に居させてくれる特別な友人や，食べ物と清潔な服を持って来てくれる友人，そしてもちろん，セラピーのカウチで横になっている多くの時間が含まれていた。こうした場で彼女は，長きにわたって忘れ去られていた悲嘆を感じられるようになっていった。自分でも驚くほどの深い絶望と悲哀をゆっくりと経験できるようになり，ティッシュ箱はいくつも空になった。やがて涙は枯れ，彼女はそのような感情をそれほど恐れなくなった。

私も，自分の世界がほどけていくようなブレイクダウンに陥った20代後半に，同じような経験をしていた。それは，望んでいた恋人との関係が破談になり，仕事に魅力を感じなくなり，そして思春期後半に抱いていた薄っぺらな自信がなくなったあとのことだった。私にも，数は少ないが避難所になってくれ，一緒に涙しながらもきちんと注視してくれる，良い友人が必要であった。そして実際に，ずっと回避してきたブレイクダウンである抑うつ状態に陥った。その頃，私も，多くのセラピーを受けた。徐々に回復し，精神は以前よりも丈夫になり，それほど防衛的でも不安定でもなくなり，痛みや弱さにより耐えられるようになっていった。樹木に喩えると，おそらくそれまでの私はかなり根が浅く，常に吹き倒される危険があったのだと言えるだろう。しかし，ある程度の安定感を得て，新たなキャリアである心理療法士としての道に踏み出すことができた。情緒的な能力が十分にあると確信し，もはや詐欺師のような気分を感じることなく，人生の大半で感じていたインポスター症候群を振り切ることができたのである。ジャナや私のプロセスは，細胞危機反応に関連して先に説明したパターンのとおりである。静寂やリセット，再起動をもたらす充分な安全感が不可欠で，その後に初めて，真のスパークが生じるのである。

ジャナはセラピーの中で，悲嘆や絶望に対処可能な，より大きなコンテイナーを育んだ。それまでの敏捷なこころ（mind）による薄氷上でのスケート

のような，絶え間のない活動ではなく，彼女はおそらく人生で初めて，安全に抱えられていると感じられるようになった。こうした変化によって，より良い友人をつくり，さまざまな場所でよりくつろいだりできるようになった。特に，知的防衛に逃げ込むことなく，他者や自身の悲しみや弱さ，混乱に耐えられるようになった。やがて，それまでとは違った人生を歩み始めた。もはやこれまでのような機転の効いたパーティの主役ではなく，今では新たな深みと安らぎを携えていた。発展し始めたキャリアの中で，自分の存在や安定を感じられるようになり，より深い友情や親密さを持つようにもなった。私や友人も家族も，彼女が感情豊かで安らぎを感じる人間であり，もろい活動家ではないと感じられるようになったのである。

薄氷の上を滑る：ジェッド

　ジェッドも並はずれて優秀な頭脳を持ち，学業成績も良好で，知的に刺激を受けることのできる人と関わっていた。絶えず自らの思考（mind）を頼りにし，それをずいぶんと誇りに思っていたものの，それは彼が感じていた自らの中核ではなかった。しばしば，「思考が少しは休ませてくれたらいいのに」と言う。ジャナと同じく，私はセッションの中で，しばしば彼のスパークした考え（thinking）に魅了されながらも，体現者としての自分自身とのつながりを失い，こころは動くものの，首から下の意識を失うことがあった。

　自らの思考を頼りにするジェッドのあり方は，35年間の人生のほとんどにおいて，うまくいっていた。優等生で，一流の大学に通い，人前で話したり舞台に立ったりするなど，多くの分野で卓越した成果を上げていた。しかし，ジャナと同じく，常に薄氷の上を滑っているような感覚があった。ジェッドは幼い頃，愛情深く教養のある家族のもとに養子に出された。そのときにはすでに，誰かを頼りにするよりも，とにかく自立的でなければならないという，とりわけ重要な優先事項が形成されていた。成績が他者に承認されるのを好んだが，それは次のテストまでしか続かなかった。しばしば自分は詐欺師だと感じており，いつも失敗やそれを見破られる危機に瀕しているように

感じていた。

　ジェッドやジャナのような輝かしい頭脳（minds）に目を奪われ，彼らのプロパガンダに騙されるのは簡単である。実際のところ，彼らは自分自身に騙されているのである。セラピストとして私は，本当に良い仕事をしていると感じつつも，実はうわべの偽りの「セラピートーク」によって磨き上げられた見せかけに，まんまと「騙されて」いたのだと気がつくしかなかった。

　ジャナやジェッドのような人には，こころと身体（mind-body）の分裂が認められる。自らの感情や身体感覚をほとんど知らず，自らの情緒の読み取りに苦労する。微細な身体状態と身体感覚への気づきは，一般に内受容感覚と呼ばれ，私が神経系のささやきと命名しているものである。これは，自らの情緒に触れるためには欠かせない。学術機関も含めた西洋文化では，一部の心理療法も同様に，身体への気づきといった非言語的領域よりも，こころ（mind）や思考（thinking）をやたらと重視する。

　私は，ジェッドが発する魅力的な言葉の数々に注意を払うのではなく，情緒的に生き生きとした感覚や感情の充実感，特に横紋筋の緊張の兆候に波長を合わせようとした。ぴくっとした動きは逃げ惑っている悲しみを，筋緊張は怒りの兆候を，眉間に寄せられたしわは不安を示唆していることがあった。私はしばしば，淀みなく進む見事な流れに割り込むために，気を引き締めなければならなかった。それはまるで，出しぬけに風船を割るような気持ちだった。しかし，彼がそれまでは気がついていなかった，感情状態の手がかりとなる生理的サインに私が注意を払うと，静けさが訪れた。私の呼吸は深くなり，彼の呼吸も同じように深くなった。彼は厄介な感情を避けるためにエネルギーを費やすよりも，こうした感情に留まることができるようになった。

　ジェッドがゆっくりと静かになり始めても，ジャナのように完全に抑うつに陥るようなブレイクダウンには至らなかった。しかし，痛みや悲しみ，そしてあまりにもつらくて，それまでは耐えられなかったさまざまな感情を経験することになった。ジャナと同じように，私は穏やかさや静止，健康な静けさ，そしてリセットを彼に見出した。こうした状態で私ははじめて，彼に

こころを動かされ，彼の存在に対する以前の平板な感情とはかなり異なる，悲しみを感じるようになった。

　彼は，分析家が「退行」と呼んできたプロセスを経験していた。暗い場所に入り込んでも大丈夫だと信じて，それまで避けてきた感情に耐えるために用いてきた多くの防衛を手放すことである。これは，高いところから水に飛び込む前の恐ろしい感情や，涙がこぼれるのを避けられない瞬間に似ている。長きにわたって追いやってきた感情を許容できると，安堵や平穏が訪れることがある。これが私たちの前で起こると，ウィニコットが「他者（母親）の前で一人でいること」と表現した，初めての真の体験になることがある[*78]。

　精神分析家のマイケル・バリントは，セッションの半分を沈黙したまま座って過ごし，その後，咽び泣きはじめて，人生で初めて自分自身に触れられたと語った，ある男性について描写している[*79]。バリントは，言葉の数々は自分自身に真の意味で触れるために遠ざけられる可能性があると示唆している。イギリスの心理療法士であるハリー・ガントリップ[*80]は，これを「深い所属意識と，知的に『考え抜いた』ものではない世界との深い一体感であり，自分の中に自分が存在するという，持続する安全な雰囲気」と表現している。

　ガントリップは，活動や思考を脇に置くことができた患者が，苦痛や絶望に触れ，そうした感情に逆らって防衛するのではなく，それに耐えたときに，深い安堵とくつろぎが生じたと記述している。実際に彼は，ウィニコットの精神分析を受け，「あなたは『活動すること』については知っているけれど，『ただ成長すること，ただ呼吸すること』，そして何もしなくても，睡眠中には心臓がただ鼓動し続けていることについては知らない」と言われたと報告

---

*78 　Winnicott DW. The capacity to be alone. *International Journal of Psycho-Analysis*, 1958, 39: 416–420.

*79 　Balint M. *The Basic Fault: Therapeutic Aspects of Regression*. London: Tavistock, 1968.

*80 　Guntrip H. *Schizoid Phenomena, Object Relations and the Self*. London: Karnac, 1995.

している[81]。

　ジェッドやジャナのような人にとっての成功したセラピーの旅とは，こころの活動に過度に頼ることから離れることを意味する。早熟で精神的に敏捷な彼らの「マインド・ペアレント」は，依存症に認められるものと類似している。目が眩むほどの輝かしいこころ（minds）は興奮をもたらすが，まばゆく光る偽りのスパークは，内面のエネルギー不足を覆い隠す可能性がある。防衛を断念し，リセットし，再起動することは，まるで古い配線を取り除き，最終的には必要なところに電流が流れるように，慎重に取り付け直すようなものである。その後，常に燃え尽きにつながるような，ランダムにエネルギーを消費するスパークの代わりに，効率的にエネルギーを利用することで，優々とした心地の良い状態へとつながる，真の充電と補充を目の当たりにする。

　リセットや安全化，落ち着くこと，そして情緒的に抱えることは，防衛的なこころ（mental）の運動を解放する可能性を切り開く。先に述べたように，学習性無力感においてしばしば触れなければならない感情は，虐待やトラウマなどにまつわる怒りである。思考（mind）に頼っている状態においても同様に，怒りを目の当たりにする。しかし，自らの思考に過度に頼る人の，回復過程における最初の主要な道筋は，平穏であること，安全感を発見すること，そして，深い悲哀と絶望に耐えることである。

　ここには，前章で示した依存状態との類似点が多い。耐え難い感情から逃れようとするのは理解できるが，精神的敏捷性の興奮は，非常に魅力的な逃避場所となる。依存の場合は，逃避が薬物やポルノグラフィ，食べ物といった，依存に適したものを手に取ることによって行われる。一方，マインド・ペアレントの場合は，しばしば輝かしく映る道のりで，薄氷の上を滑り，時に高揚させ続けるシャープで眩（まばゆ）い思考への依存だが，これはまた，内的な絶望感に対する恐怖に突き動かされている。マインド・ペアレントは，傷つきやすい状態にあることが決して安全だとは感じられず，こころから信頼できる人がいないため，傷つかない一つの方法としての，執拗なしがみつきであ

---

[81] Hazell J. *H.J.S. Guntrip: A Psychoanalytical Biography*. London: Free Association Books, 1996.

る。ウィニコットの話に戻ると，通常，恐れているブレイクダウンはずっと昔に起きたことだが，いまだに防衛され続けており，それは，馬が逃げ出したあとの馬小屋の扉に鍵をかけるようなものである。ジャナやジェッド，実際には私たちの多くも，忙(せわ)しない防衛を手放し，落ち着き，安全を感じ，埋もれていた感情に触れ，ゆっくりと再起動し，充電することで恩恵を受けられるのである。

ダンジョンに潜む野生児たち

　マインド・ペアレントが示す強烈な自立心は，他者を頼ることからの逃避である。彼らは，輝かしくも偽りの姿を見せながら暮らしている。こうした人々の隠された精神（psyches）に起きていることを考えるのは，痛みを伴うものの興味深くもある。彼らが隠し続けている姿とは何なのだろうか。

　言うまでもなく，個々のケースには違いがあるものの，驚くべきことに私はしばしば，同じような夢や空想を耳にしてきた。それは，彼らの精神に関する，何か本質的なことを示すものである。ジャナは，繰り返し，地下に隠れて暮らす汚くてみすぼらしい野生児の少女の空想について語った。その小さな少女は野蛮で，激しく防衛しており，誰も寄せつけなかった。他者を頼ったことがなく，信頼できる愛情深い安全な人間関係を信じたこともなかった。興味深いことにジェッドは，庭の納屋に閉じ込められ，逃げられないように鎖でつながれた少年が，人や光を怖がって疑うという，ジャナと同じような空想を抱いていた。他のクライエントからも，同様の物語を耳にしてきた。時には洞窟や人里離れた森が登場するものの，多くの場合，きちんと保護されていない，みすぼらしい野生の子どもが登場する。

　これらの空想は示唆に富んでいる。ジャナは，私や他者を遠ざけ続けるような中核を隠し持っていた。私のことも他者のことも知的に喜ばせるのが非常にうまかったので，そうした中核は容易に見逃されていた。しかし，これに惑わされてはいけない。セラピストや専門家，あるいは友人として，私たちが提供するケアや共感，もしくは愛情は，喜んで受け入れられると思い込

みがちであるが，これは真実からはほど遠い。野蛮な野生児の部分は，信頼しないことや愛情深い人との接触に希望を持たないことを学んでおり，そうしたケアを与えられることに尻込みする。実際に，彼らは自分自身のライフ・ギバーから目を背け，さらには縁を切りさえする。こうした空想が確認されるのは，他者への信頼が今まさに育まれているときである。野生児の登場は，「信頼しちゃだめだ，こころを開いちゃだめだ，ここは安全じゃない」といった叫びであり，自分自身への，さらには私を含む他者へのある種の警告である。

　私はこのような空想は，オスカー・ワイルドの登場人物である，ドリアン・グレイ[82]の逆のようなものだと考えている。彼は，若々しく，輝き，活力があるように見え，少しも歳をとらないが，屋根裏部屋にある彼の肖像画は歳をとっていく。野生児は，ドリアン・グレイの肖像画のように，受け入れ難いために隠している精神的真実を表している。

　野蛮な野生児の部分には，繊細なケアが必要であることを私は学んできた。虐待を受けてトラウマを抱えた犬と少し似ており，開けっぴろげに愛情深いケアを提供することはできない。こうした疑い深い野生児の部分が生まれてきた理由に深い敬意を払いながら，慎重に歩みを進めなければならない。それは，無邪気に人を信頼して傷つくという過去の過ちを二度と繰り返さないようにと，自己を保護するものである。そのため，そっと近づかなければならない。そして，野生児の部分が過去に行ってきた，素晴らしい防衛的な仕事を理解しているのだと知らせる必要がある。また，こうした防衛がもはや，かつてのようには必要がないのだと理解できるよう，援助する必要もある。

　私がよく用いる比喩は，日本人兵士の小野田寛郎である。彼は降伏を拒み，第二次世界大戦の終結から30年近く経っても，ジャングルの中で戦い続けていた。同様に，自己の野蛮な部分は，人のいる世界や情緒的な親密さは，これまでのように危険でリスクがあり，それがまだそこにあると本能的に確信している。ジャナの場合，私が彼女の野蛮な部分を認めて，敬意を払うこと

---

[82] Wilde O. *The Picture of Dorian Gray.* London: Legend Press, 2021.

ができるとわかると，大きな安堵が生じた。結局のところ，拒絶されるような気配を少しでも感じると，野蛮な部分が彼女を支配するのだった。私と一緒にいると，彼女は爪を剥き出しにした野生の野良猫になる可能性があった。私たちは，ジャナの野生児に名前を付けた。そして，彼女の肌の中での生活はどんな感じなのか，彼女の恐怖はどういったものなのか，さらには，どのようにしたら，少しずつでも彼女が警戒心を手放せるように助けることができるのか，そして，徐々に他者を信じ始められるように援助ができるのかと，彼女のことを知るために多くの時間を費やした。ジャナは，自分のこの部分を私に理解され，尊重されるようになったことに安堵した。

　「マインド・ペアレント」は偽りの自己の一種であり，信じることは危険で，頼ることができるのは自分だけだという信念に基づいた，するどい思考によって形作られたパーソナリティである。眩い外見の奥底には，さらなる苦痛や絶望，そして不安を何としてでも避けようとする自己が隠れている。しかし，さらに掘り下げていくと，鋭い爪を持った野生児の奥底には，注意深く手を差し伸べることで触れられる，自己の非常に幼い部分が隠れている。ジャナのように，これが生じるためには，防衛のブレイクダウンが不可欠であることが多い。崩壊や退行，そして信頼の初期段階のようなリセット反応を確認できたとしても，その野生児に気を配り続けなければならない。そして，野生児が現れた際には，それが理解され，尊重され，ケアされる必要があることを，私は学んできた。

　私たちは，堅実な基盤を持つパーソナリティを築き上げることを目指す。それは，もはや非常に危険な情緒の奈落を避けるために，薄氷の上を滑る必要がなく，どんなときであれば信頼したり，愛し愛されたりすることが安全なのかを見極められる人である。私たちの誰もが，死のような感覚や抑うつを恐れる必要がほとんどなく，安全だと感じられる世界を経験することを望んでいる。それによって，偽りのスパークは手放され，パーソナリティはゆっくりと愛情深く充電され，より調子が良く，気楽で，信頼を感じられるようになる。そのようにしてはじめて，正真正銘の健康的なスパークが生じるのである。

エピローグ
EPILOGUE

―― エンジン音，ナマケモノ，そして恐怖に支配されて
　身動きが取れなくなるようなことのない気楽さ ――

　私は心理療法士であると同時に，父親，叔父，従兄弟，夫，友人，同僚，そして子どもでもある。誰もがそうであるように，私も自分らしく，希望に満ち，生き生きと感じられる人生を送りたい。友人にも家族にも，そしてクライエントにもそうであってほしい。感情を麻痺させ，減衰させることで，人生をどれほど無駄にしてしまうのかを私はよく知っている。たとえば，ビデオゲームやポルノグラフィに依存しているクライエントのことを考えると，どれだけの時間を浪費しているのかがわかる。実際，私もよく，コンピューターのウィンドウをスクロールし続けるような，報われない行為にとらわれることがあるのを自覚している。仕事は私の中毒の一つである。日曜日の朝，この原稿を書きながら，公園では子どもが走り回り，大人は運動をし，若者はピクニック，家族連れはサイクリング，そんな人たちの笑顔を眺めている。こうして机に向かっていることで，私は自分の人生を生きるのを避けているのだろうか。実際，私は，書くこともクライエントに会うことも好きである。これは，自分自身についてより深く知り，人生の豊かなつづれ織りを手にする，別のあり方だと言える。しかし，人生をできるかぎり完全に生きようという勇気や希望を見出せないでいるのは，確かに罪深いことである。

　いつもの自己欺瞞であっても，自分に問いかけ，正直に答えようとする問いは，月並みだが，死の床に伏したときに後悔しているであろうことだ。一

日多めにオフィスに行かなかったことや，クロスワードパズルをもう1つしなかったこと，もっとサッカーのニュースを見ようと画面をスクロールしたことは，後悔しないだろう。しかし，どれだけ愛しているのかを伝えられなかった人がいること，高いところに登ったりそこから飛び降りたりするような，自分が恐れていることをしなかったこと，それに美しい夕日を眺めるための時間をもっと持ったなかったことを後悔するのは確かだ。私のデ・スパークの傾向は，必然的に多くの後悔を生むだろう。この本を書いているのは，私自身や他の人たちのこうした後悔を，最小限に留めようとするためでもある。

多くの自己啓発本が信じ込ませようとしていることとは異なり，リ・スパーキングとは，単に勇気を出すことでも大きな飛躍をすることでも，また，新しいコートを着るように，突然，よりポジティブな考え方をすることでもない。あるいは，恐怖を感じながらも，とにかくやってみることでもない。それらは物語の一部ではあっても，情緒的成長ははるかに複雑なものである。真のパーソナリティの変化は，ゆっくりと，少しずつ，そして時に痛みを伴って起こる——実際，それまで麻痺させてきたことに対して開かれていくことなので，痛みは避けられない。

私たちは自分のことを，失火や失速，故障を繰り返しながらも，A地点からB地点まで何とかたどり着こうと燻る（くすぶる）エンジンのようなものだと考えることができる。今のエンジンのままで生きていこうとするかもしれないし，少しいじってみようとするかもしれない。真の変化を求めるとなると，おそらく解体と再構築が必要である。

この比喩（本書では他の比喩も！）には，度を超えているかもしれないリスクはあるが，私はエンジンにたとえるのが好きだ。なぜなら，エンジンがうまく動いているときは，ある種の声がし，エネルギーが自由に流れ，スピードアップもスピードダウンも容易だからだ。反応も良い。もちろん，本書のほかの中心的比喩を用いるならば，よくスパークし，予期せず失火したり，うねったり，止まったりはしないということである。

スティーヴン・ポージェスはここ数十年の間に，自律神経系に関して定評

のあるモデル*83，すなわち，安心し，安全を感じてリラックスしていると，安らぎをもたらす神経系が発火すると示唆するモデルを展開してきた。これにより，安全の感覚，深くリラックスした呼吸，健康的な心拍数の変動，しなやかでリラックスしながらも弛緩のない筋肉組織，そしてあまり不安を感じることなくその場にいられる能力がもたらされる。これは，真のウェルビーイングと関連する健康な不動状態である。ここには，深い安らぎと，人生は安全で良いものだという感覚が伴う。消化は最適で，呼吸は深くゆっくりしており，免疫システムもよく機能する。また，他者に共感し，他者と共に楽しむこともできる。

　この健康な不動状態は，本書で述べるような，恐怖，脅威，ネグレクト，圧倒されることに対する防衛から生じる不動性や，デ・スパーキングとは異なる。そのような状態ではシャットダウンが見られるが，それは，基本的に危険に対する反応である。麻痺しているため，戦うことも逃げることもできず，静かに鈍麻し，一種の冬眠状態に入るしかないのである。呼吸は浅く，身体は緩慢で，警戒感が欠如し，筋緊張の低下も見られる。感情から遠ざかり，生き残りのために，死んだような状態へと収縮していく。

　ネグレクト，解離性のシャットダウン状態，そして学習性無力感によく見られるのは，無気力，つまりエネルギーやスパークの欠如である。これは，怠けているとか不活発だと誤解されがちである。初期のキリスト教思想では，無精や無為といった怠惰は，七つの大罪の一つとされていた。私たちは，努力を怠ること，何もしないこと，緩慢であることを軽蔑する文化に生きている。私は個人的には，ナマケモノに畏敬の念を抱いている。ナマケモノは代謝率の低い生き物で，ゆるやかにじっくりと動き，文字どおり多くの時間を「ぶらぶら」して過ごし，よく眠る。その生き方は，私や現代社会の多くの人がしがみついている，躁的な勢いとはかけ離れている。私はもっと怠けたいと思うし，そういった人に憧れと羨望の入り混じった感情を抱いている。しかし，私自身の防衛や，おそらく ADHD 的な特性から，すぐに退屈してし

---

*83　Porges SW. *The Polyvagal Theory: Neurophysiological Foundations of Emotions, Attachment, Communication, and Self-Regulation.* New York: Norton, 2011.

まうのである。

　とはいえ，怠慢さには，手を差し伸べなければならない。人間のみならず，実際にはほとんどの動物は，代謝が遅いほうが長生きする。ジェームス・ディーンの名言「生き急げ，若死にしろ」を覚えている世代なら，なぜこれが真実なのか知っているだろう。ストレスやトラウマ，そして子ども時代の逆境体験は，代謝を早め，免疫力を低下させ，心臓病や脳卒中，がん，そしてもちろん若死にに至るまでのあらゆる健康問題と関連する。不安や脅威にさらされると，ほとんどの人はビクビクし，警戒し，呼吸が速く，筋肉が緊張し，動きも速くなる。混雑した都会では人の動きも速いが，緑の多い場所ではゆっくりである。心拍数も安心感もこれに符合する。進化論的な観点からは，目の前の脅威に対処するための発火は，長期的な健康維持よりも優先される。

　このように，ネグレクト，解離，そして学習性無力感には，麻痺した不動性が見られるのに対して，依存的特性や過度に明るいこころには，死に対するより過剰で落ち着きのない防衛が見られる。前者にとって健康に向かうというのは，活気づき，スパークし，活力を得ることである。一方，後者にとっては概して，悲しみや絶望といった，避けている感情と向き合うために，ペースを落とすことである。しかし，いずれの場合にも，まずは安全化とリセットが必要である。危険信号が消えると，安全感が，のちの繁栄のための条件をもたらしてくれるのである。

　実際のところ，私のナマケモノに対する理想化には限界がある。良い人生には，リラックスして安らぐ能力と，喜び，興奮，そして快楽を求める能力の両方が必要である。私は，ゆっくりでき，容易にリラックスし，頑張りすぎない人を羨ましく思う。また，エネルギーに満ち溢れた（スパーキング）状態と，安らかにリラックスした状態との間を，楽に行き来できる人を賞賛したい。嗜癖傾向の人に見られる誤作動システムである中脳辺縁系の報酬回路は，健全に作動するなら，人生を生き甲斐のあるものにしてくれる。フロー状態[*84]と呼ばれる状態では，思考や不安に邪魔されることなく，完全に没頭して，そこにいる。このような状態には何らかの努力はあるものの，それは

緊張や不安の類ではない。ただリラックスするのではなく，集中し，努力する。目的意識と目標を持ち，活動やその瞬間に気楽に没頭するのである。

スピードと努力を重視する私たちの文化では，退屈は過小評価されるが，私たち皆が必要とするのは，冷静になり，休憩をし，ただ「いる」ことである。しかし，必要なのは，落ち着きやリラックス，そして静寂だけではない。もしそれが主な状態だとしたら，興奮も情熱もない人生だろう。安全，安らぎ，そして落ち着きを感じるとともに，興奮し，報酬を求め，快楽を感じるようスパークするためには，援助が必要なのである。心理的健康とは，リラックス状態から，報酬を求め，愛情に満ちた接触，あるいは脅威に対する緊張へと，あらゆる状態間を柔軟に移動し，また戻ること，このすべてが健康な心理的レパートリーなのである。

── スパークを見つけ，点火し，燃えさしに息を吹きかける ──

本書では，アン・スパークな状態についても述べた。エネルギーが低下している人，人生から得られるものから退却している人，主に恐怖のため，時には脅威のために，収縮し，麻痺し，減衰している人について記述した。また，内なる死や絶望から逃れるために，偽りのスパークを散らしている人についても記述した。誰もがこうした状態に陥る可能性はあるし，おそらく陥る。それぞれの状態には，希望を抱いたり，自分を表現したり，あるいは人生を最大限に生きようとしたりするのは愚かなことだと示唆する信念や先入観，そして自分自身に対するメッセージがある。

このような状態から，健康へと成長する希望の種を見つけるのが，いかに重要なのかを示唆した。デ・スパーキングは，耐えがたい体験から目を背け，何とか対処するための防衛的対策を発達させる必要性から生じる。たとえば，ネグレクトを受けた孤児の麻痺した自己慰撫的行動，自閉スペクトラム症の人の儀式，トラウマを負い解離した人の身体感覚麻痺，痛みを防ぐための陽

---

*84 Csikszentmihalyi M. *Creativity: Flow and the Psychology of Discovery and Invention*. New York: Harper Perennial, 1996.

気なこころや依存症，そして学習性無力感では希望を殺してしまうことである。共通するのは，人生から目を背け，開くのではなく収縮していることである。開放性，健全なウェルビーイング，そして活発なライフ・ギバーのサインである，たくましい背中とやわらかな腹面，そしてワイルドなこころとは，正反対である。

　当初は保護的な防衛として発達したものが，のちに真に人生に参画するのを阻んでしまうという，不幸な皮肉である。私は，自分自身の人生経験から，このことをわかりすぎるほどわかっている。可能なことに対しても希望を持とうとせず，実際にはとっくになくなっている危険から身を守るために，安全だと信じていた古いパターンにはまったままでいることがよくあった。今も，筋肉がかすかに緊張し，人との接触を避け，人生から得られるものに対して縮こまった姿勢をとる自分に気がつくことがある。本書で紹介した多くの人と同じように，私も容易に内向きになり，麻痺し，縮こまる。こうした経験の減衰は，人生が与えてくれる喜び，興奮，そして不思議に対する開放性を止めてしまう。

　これは，純粋なパーソナリティのタイプについて述べているのではない。もちろん，同じ一人の人の中に，多様なアン・スパークのありようがある。たとえば，ネグレクトされていた子どもの私は，ネクタイをしゃぶり，自己慰撫をしていた。トラウマを負った私は，時に解離性麻痺の中に自分の身体を放置する。「学習性無力感」の私は，あきらめ，固まり，目の前の良いことに手を伸ばそうとしない。悲しみから逃げる私は，しばしば，頭の中で躁的に忙しくしたり，依存症のようにインターネットサーフィンに戻ったりする。そして，やや自閉的になる私は，さまざまな嗜癖的儀式に退却する。

　このような状態から抜け出すために，誰もがどのように援助を受けられるのかについても記述した。どのような形のデ・スパーキングであれ，最善の援助は常に，好奇心と共感のある他者が自分と共にいることを楽しみ，苦痛に耐え，共に絶望してくれること，そして自分が信じている麻痺した身体・思考（mind）・こころ（heart）以上のものが，人生にはあるのだということを見せてくれる，そんな慈悲深く安全な人間関係を提供することである。こ

こでいう慈悲深い他者とは，願わくは人生の初期には親や養育者，のちには別の大人，専門家，セラピスト，友人，あるいはメンターである。私たちは皆，困ったときに頼ることのできる人を必要としている。それは，私自身にとってもそうだし，私が毎週会っているほとんどすべてのクライエントにとってもそうである。

しかし，運と支援があれば，私たちは誰でも，困ったときに頼ることのできる自己の一部として，このような愛情と慈悲に満ちたケアを内在化する，つまり自身のこころの中に抱えておくことができる。精神分析では「良い内的対象」の発達について語り，ポール・ギルバートのような人は，内なる慈愛に満ちた像について述べる[*86]。さらに，ネヴィル・シミントンは，ライフ・ギバーと呼ぶ，また別の内的像の比喩を用いる。希望や喜び，遊びごころ，つまり，人生が与えてくれる良いものに手を伸ばすのを助けてくれるのは，私たちの内側にいるこのライフ・ギバーである。これは，私たち皆の中にある可能性だが，これを焚きつけ，スパークさせ，発火させる必要がある。

その核となるのが，身体の状態への気づきの重要性である。スパークの欠如は，身体に具現化される。コルウィン・トレヴァーセンとジャーク・パンクセップは，「私たちは，喜びや苦悩のリズムやメロディーを分かち合う準備のある，躍動する身体を持って生まれてくる」[*86]と書いている。悲しいかな，本書に登場した多くのスパークのない人々は，喜び，苦悩，そして相互作用のリズムを分かち合うことができるような，躍動する身体を発達させてこなかった。具現化された生命力とエネルギーを生み出すリ・スパーキングには，神経系のささやきが必要なのである。

何十年にもわたり，私はまさに自分自身も他者も，ある特定の麻痺したこころと身体，そして情緒の状態を，リ・スパークすることができると学んで

---

*85 Gilbert P. Explorations into the nature and function of compassion. *Current Opinion in Psychology*, 2019, *28*: 108-114.

*86 Trevarthen C, Panksepp J. In tune with feeling: Musical play with emotions of creativity, inspiring neuroaffective development and self-confidence for learning in company. In: Hart S, editor. *Inclusion, Play and Empathy*. London: Jessica Kingsley, 2016, p. 29.

きた。たとえば，私のネグレクトされた部分は，誰も自分の感情になど興味はなく，自分と一緒にいても楽しくないのだという信念を持つ，殉教者のような古い先入観から解き放たれる必要があった。これは，やわらかな腹面，たくましい背中，そしてやがてはワイルドなこころで，確約のないことに対するリスクを負い，希望に対してこころを開くことを意味する。充分にコンテインする能力を発達させれば，萎縮したときにはそれに気づき，神経系を感知して，その引き金を特定することができる。そして，経験を避けるのではなく，そこにとどまり，受け止めることができるようになる。このような神経系のささやきを通して，ライフ・ギバーが，活力，スパーク，そして勇気を促進できる条件が整えられる。

　コンテインメントと安全性は，真にパターンを変えるために必要ではあるが，充分な条件ではない。また，ホメオスタシスから健全なアロスタシスへと移行するためには，デフォルト状態に挑戦する緊張や，健全な不安も必要である。このような挑戦は不安なものであり，「自分の世界を乱す」かもしれないものに対する防衛も働きうる。私はこれまでに，新しいことを受け入れ，安全な古いパターンを捨て去るリスクに，何度も抵抗してきた。こうした防衛的なプロセスは，その場では助けになるが，犠牲を伴う。こころを開くのは恐ろしいが，本書の物語が証明するように，それは人生を豊かにしてくれる。実際，人生を変えさえする。防衛するかもしれないものに対して，思いやりのある，おおらかなこころの寛容さを発達させ，ライフ・ギバーを受け入れるなら，より充実し，喜びに満ちた，純粋にスパークした人生の可能性を解き放つことになる。

　これは，再び感じようとすること，自分の情緒や身体の状態を知ること，そして世界は安全ではないと示唆する，根深く自動的な神経系の信念を解くことなしには起こりえない。これは，凍りついた状態が溶けてゆく，時に苦しい疼きを経験する準備をすることを意味する。

　これには確かに痛みが伴う。20代後半にヨガに復帰し，自宅で一人で練習していたときのことである。あるポーズ，特に胸と心臓（やわらかな腹面）を開かねばならないときに，突然，感情——私の場合は悲しみや嘆き——が

沸き起こり，愕然とした。私はそれまでの人生のほとんどの場面で，このような感情を収縮させていたのだろうと思う。こうした感情を許すことが，私のリセットの一部だった。私はリセットし，再起動し，そしてゆっくりと，その感情と感覚を許すのに充分な安全感を抱くようになった。こうした感情や感覚は，人生から遠ざかるのではなく，そこに立ち向かい，内なるライフ・ギバーを信じようとするときに生じる。このような内的作業を通して，本書で紹介したような多くの人は，世界を直視し，そこに向かって動き出すことができるかのように，より外向きの姿勢で，オープンになっていく。

　トラウマや圧倒されるような経験が多いほど，危険予知はより強力になり，デ・スパークも早くなる。継続的な深いトラウマの癒しは，より深刻ではない逆境体験のそれよりも困難だが，プロセスは似ている。傷と向き合うことが私たちを創る。私の場合は，確かにそうだった。私は若い頃，骨董品の売買を生業としていたことがある。よく考えるのは，日本の陶器の修復技術の金継ぎである。これによって，以前の損傷にもかかわらず，より強くなる。修復された陶器には美しさもある。金の線はそこに損傷があったこと，レジリエンス，そして生き残った強さを意味する。

　痛みであれ怒りであれ，あるいは恐るべき希望であれ，そしてしばしば最も恐るべき愛であれ，感情を充分に感じることに対して，私たちは皆，縮こまってしまう。オープンになるには勇気がいる。文字どおり傷つくこともある。これは，私が知りすぎている，おろおろした抑うつ的な姿勢とは違い，決して自然にできることではない。しかし，死の床の類比に戻ると，私たちの多くは，テニソンに同意するだろう。愛さないよりは愛して失ったほうが，こころを開き希望と情熱と真のウェルビーイングを感じたほうが，たくましい背中とやわらかな腹面，そしてワイルドなこころをもって生きたほうが良いのである。

グレイアム・ミュージックの『RESPARK』をお読みいただきありがとうございました。

グレイアム・ミュージックのニュースレター https://nurturingnatures.co.uk/sign-up/ にご登録ください。また，ブログ，出版物，開催予定のイベントなどの情報は，ウェブサイト https://nurturingnatures.co.uk/ をご覧ください。メール gmusic@nurturingnatures.co.uk，ツイッター，リンクトインでも連絡を取っていただけます。

Amazon，Bookbub，Goodreads など，ご利用のサイトにレビューをいただけるのは，皆さんが思われる以上に，著者にとっては大きな励みになります。

監訳者あとがき

「監訳者まえがき」にもありましたように，本書 Respark『リ・スパーク』は，グレイアム・ミュージック先生のご著書 Nurturing Natures: Attachment and Children's Emotional, Sociocultural and Brain Development『子どものこころの発達を支えるもの：アタッチメントと神経科学，そして精神分析の出会うところ』，そして，Nurturing Children『トラウマを抱える子どものこころを育むもの：アタッチメント・神経科学・マインドフルネスとの出会い』の続編にあたります。前作『トラウマを抱える子どものこころを育むもの』が日本で出版された直後から，我々はこの『リ・スパーク』の翻訳を始めました。そう，我々はすでにミュージック先生に「スパーク」されていたのです。本書の第1章で，「熱意とスパークは伝染しやすく，私たちはその近くにいたいと思う」という一文がありますが，我々訳者が，それを文字どおり「身を持って」証明していたようです。本書を手に取られた日本の読者の方々にも，ミュージック先生の熱意は十分に伝わっているのではないでしょうか。

また，2023年の日本心理臨床学会第42回大会では，海外招待講演として企画者・通訳者を務めた鵜飼がミュージック先生をお招きし，「トラウマやネグレクトを経験した患者の理解と支援——無感覚で平板な状態から，生き生きとした存在に——Resparking：Hope after Trauma and Depression」というタイトルで，本書に関する講演を行っていただきました。私も指定討論者として，本書の内容について議論させてもらいました。その講演を通じて，本書に興味を持たれた読者も多いかもしれません。

本書はミュージック先生が書かれているように，「人がどのように，なぜ減衰して（damped down）しまうのか，そして，スパークするにはどのような方法があるのかを解明するための，数十年にわたる私の試みを要約したもの」

であり，圧倒的な知識と臨床経験，そして，時折のぞかせるミュージック先生自身の過酷な生育歴，およびチャーミングなエピソード（禿げる前に美しい巻き毛を指でねじっていたことなど）によって構成されています。本書のタイトルでもある『リ・スパーク』は，第2章の冒頭で触れられているように，人間のこころの機微を理解するためのメタファーです。メタファーは，物事をよりわかりやすく伝えるために用いられるわけですが，このメタファーによって，こころという不可視なものを視覚化し，読者に，より具体的なイメージを持たせることに成功しているように思います。さらに，「スパーク」を，抑圧されたり無効化されたりした「デ・スパーク」（あるいは麻痺，空虚，鈍化，死に体の状態）や，これまで「スパーク」したことがない「アン・スパーク」，そして躁的な不発である「ミス・スパーク」に分類することによって，そのカテゴリーに当てはまる人々のことを想像しやすくしています。

　私は，精神分析的心理療法に関する技法や知識のさらなる研鑽を求めて，英国のタヴィストック・クリニックに留学しました。そして，前臨床コース（観察コース）と臨床コースそれぞれに所属し，この長かった旅路も終わりに差し掛かっています（この「監訳者あとがき」を書いている時点で，臨床コースが残り1年弱という状況です）。ミュージック先生も立ち上げに関わっていた，私が学んでいる Psychological therapies with children, young people and families (M34) という，2010年代に新たに創設された臨床コースは，一風変わった内容で構成されています。もちろん，週1回の精神分析的心理療法の実践がメインに据えられているわけですが，それに加えて，他の知識や技法も習得（と表現するまでには及ばないようにも思いますが）することを目指します。それらには，臨床群を対象としたRCT（ランダム化比較試験：randomised controlled trial）研究に対する批判的検討のスキルや，CBT，マインドフルネス，ボディスキャンの技法の習得，そして，ニューロダイバーシィを含む多様性の理解などが含まれます。

　たとえば，第3章で登場するメンディに対して，ミュージック先生は「古典的なアクティビティから始めた」と書かれています。「具体的には，方向を見定めること，つまり彼をサポートして空間を確認し部屋を注意深く見回す

ことである。これは，初期のフリーズ反応でよく見られるものに対する準備の一つであり，心拍数を下げる傾向がある。また，制御感と意思決定の可能性を与えてくれる」と，述べられていますが，こういった細かなスキルの獲得と実践の機会を，ミュージック先生は，ご自身の経験から後続する心理療法士に提供しています。興味深いことに，メンディに対しては，呼吸を深める方法も適応ではないという見立てを立て，ここから，思いやりのある像の存在を想像するよう促し，その時の感情を問うたり，ボディスキャンの技法を導入したりしています。「たとえば，床に触れる足や，椅子に座るお尻の感覚などである。ここから，指やつま先の感覚，血液の流れる鼓動，痛みや違和感，胸部での呼吸の感覚」に焦点を当て，「地に足を着け，より今に生きる感覚や安全感を学ぶ方法」を促しています。

私もこうした眼球運動やボディスキャンの技術，呼吸法などを同時に体験しながら学ぶなかで，精神分析的アセスメントの中核にあると考えていた転移−逆転移関係や内的対象関係，不安の性質，防衛の種類などのこころの状態（state of mind）の理解，精査に加えて，それらが身体に与える影響，および身体的知覚がこころに与える影響も考慮するようになり，アセスメントセッション後の支援にバリエーションが増えたことを実感しています。ミュージック先生は，さらにその先，つまり，精神分析的心理療法のプロセスの中でもこういった技法の組み合わせに取り組まれており，いわば「職人芸」のようにも映ります。これも，ミュージック先生が書かれているように，あくまで，クライエントが「自分の体内でより安全に感じられるような援助をする」ことが目的であり，「複数の方法」があって，「ルールブックは存在せず，それぞれの人によって異なる」ということなので，スキルやエビデンスに裏づけられた知識の獲得およびセラピストとしての体験の蓄積の相互作用の中から生み出されていくものなのだと思います。それらのどれか一つが欠けても難しいことを，本書は投げかけているようにも感じられます。

本書には，子どもの事例だけでなく，大人，特に社会的に成功を収めているケース（ジャネやジェッド）についても描かれています。第11章「母親を乗り越えるこころ」の中で，「知的に優れ，カミソリのように頭のキレが鋭

く，学業でも成功し，迅速に思考できるにもかかわらず，どこか生気がなく手の届きにくい人」として記述され，「ミス・スパーク」として表現された人たちに対する理解についてです。このような人たちは，ミュージック先生の体験から，「思考に頼る (mind-dependent)」ことが多く，「安らぎの感覚を欠いており，しばしば情緒や身体感覚から切り離されている。潜伏している生気のなさから逃れるために，思考 (mind) を使って自らを奮い立たせることはできるものの，そうして得られたスパークは，非常に浅い。依存に至るプロセスとの類似性が明らか」だと主張しています。ワーカホリックとのつながりでも考えられるかもしれません。「ライフワークバランス」が叫ばれる昨今の日本社会においても，非常に示唆深い内容のように思います。ミュージック先生の以下のエピローグでの記述が日本の多くの人々に届き，情緒に目を向ける土壌が広がるように，日本のビジネスパーソンにも本書を手に取ってもらいたいように思います。

> 「多くの自己啓発本が信じ込ませようとしていることとは異なり，リ・スパーキングとは，単に勇気を出すことでも大きな飛躍をすることでも，また，新しいコートを着るように，突然，よりポジティブな考え方をすることでもない。あるいは，恐怖を感じながらも，とにかくやってみることでもない。それらは物語の一部ではあっても，情緒的成長ははるかに複雑なものである。真のパーソナリティの変化は，ゆっくりと，少しずつ，そして時に痛みを伴って起こる」

この「スパーク」「リ・スパーク」「デ・スパーク」「アン・スパーク」「ミス・スパーク」という着想が，広く日本社会にも「伝染」し，これまで，十分に支援の手が行き届かなかった人々にも，支援の輪が広がることを願って，監訳者あとがきを閉じたいと思います。

2025 年　薄暗い日々が続く晩冬のロンドンにて

藤森旭人

■監訳者紹介

鵜飼奈津子（うかい　なつこ）
2004年　The Tavistock Centre, Child & Adolescent Psychotherapy 課程修了，University of East London, Masters in Psychoanalytic Psychotherapy 取得
現　在　大阪経済大学人間科学部人間科学科教授，臨床心理士，公認心理師
主著書　『虐待を受けた子どものアセスメントとケア2』（共編著）誠信書房 2024 年，『トラウマを抱える子どものこころを育むもの』（共監訳）誠信書房 2022 年，『胎児から子どもへ』（共訳）金剛出版 2021 年，『子どもの精神分析的心理療法のアセスメントとコンサルテーション』（監訳）誠信書房 2021 年，『虐待を受けた子どものアセスメントとケア』（共編著）誠信書房 2021 年，『子どもの精神分析的心理療法の基本〈改訂版〉』誠信書房 2017 年，『子どもの精神分析的心理療法の応用』誠信書房 2012 年　ほか

藤森旭人（ふじもり　あきひと）
2011年　京都府立医科大学大学院医学研究科統合医科学専攻博士課程修了
現　在　The Tavistock and Portman NHS Foundation Trust Trainee: Psychological therapies with children, young people and families course. 臨床心理士，公認心理師，医学博士
主著書　『ビオン事典』（訳者代表）金剛出版 2023 年，『トラウマを抱える子どものこころを育むもの』（共監訳）誠信書房 2022 年，『子どもと青年の精神分析的心理療法のアセスメント』（分担執筆）誠信書房 2021 年，『児童養護施設の子どもへの精神分析的心理療法』（分担執筆）誠信書房 2018 年，『小説・漫画・映画・音楽から学ぶ児童・青年期のこころの理解』ミネルヴァ書房 2016 年，『メンタルヘルスを学ぶ』（分担執筆）ミネルヴァ書房 2015 年　ほか

■訳者紹介（担当箇所順，所属は初版刊行時のもの）

鵜飼奈津子（うかい　なつこ）
担当箇所：日本の読者へ，謝辞，著者について，監訳者まえがき，エピローグ
［監訳者紹介参照］

安達洋助（あだち　ようすけ）
担当箇所：第1章，第2章，第5章
2014年　川崎医療福祉大学大学院医療福祉学研究科臨床心理学専攻修了
現　在　児童心理治療施設希望の杜

藤森旭人（ふじもり　あきひと）
担当箇所：第3章，第4章，監訳者あとがき
［監訳者紹介参照］

久永航平（ひさなが　こうへい）
担当箇所：第6章，第7章，第8章
2016年　大阪経済大学大学院人間科学研究科臨床心理学専攻修了
現　在　葛城市こども・若者サポートセンター

林　秀樹（はやし　ひでき）
担当箇所：第9章，第10章，第11章
2018年　川崎医療福祉大学大学院医療福祉学研究科臨床心理学専攻博士後期課程修了
現　在　就実大学心理学部心理学科講師

グレイアム・ミュージック著

リ・スパーク
──トラウマや抑うつを乗り越えて

2025年4月10日　第1刷発行

監訳者	鵜飼奈津子
	藤森旭人
発行者	柴田敏樹
印刷者	日岐浩和

発行所　株式会社　誠信書房
〒112-0012　東京都文京区大塚3-20-6
電話　03 (3946) 5666
https://www.seishinshobo.co.jp/

中央印刷　協栄製本　　落丁・乱丁本はお取り替えいたします
検印省略　　無断で本書の一部または全部の複写・複製を禁じます
Ⓒ Seishin Shobo, 2025　　　　　　　　　　　Printed in Japan
ISBN 978-4-414-41500-1　C3011